重庆市教育委员会人文社会科学研究项目
项 目 名 称：山地城市桥梁生态美学评价指标体系研究——以重庆市为例
项目合同号：19SKGH085

Doctoral

Thesis

Collection

in

Architectural

and

Civil

Engineering

李 艳／著

山地城市桥梁生态美学探究

SHANDI CHENGSHI QIAOLIANG SHENGTAI MEIXUE TANJIU

重庆大学出版社

图书在版编目(CIP)数据

山地城市桥梁生态美学探究／李艳著. --重庆：
重庆大学出版社，2020.12
（建筑与土木工程博士文库）
ISBN 978-7-5689-2405-4

Ⅰ.①山… Ⅱ.①李… Ⅲ.①山区城市—城市桥—生
态学—美学—研究 Ⅳ.①U448.15

中国版本图书馆 CIP 数据核字(2020)第 153077 号

山地城市桥梁生态美学探究

李 艳 著

策划编辑:林青山

责任编辑:夏 宇 杨 颖　　版式设计:林青山
责任校对:李定群　　　　　　责任印制:赵 晟

*

重庆大学出版社出版发行
出版人:饶帮华
社址:重庆市沙坪坝区大学城西路 21 号
邮编:401331
电话:(023) 88617190　88617185(中小学)
传真:(023) 88617186　88617166
网址:http://www.cqup.com.cn
邮箱:fxk@ cqup.com.cn(营销中心)
全国新华书店经销
重庆共创印务有限公司印刷

*

开本:787mm×1092mm　1/16　印张:8　字数:215 千
2020 年 12 月第 1 版　　2020 年 12 月第 1 次印刷
ISBN 978-7-5689-2405-4　定价:79.00 元

本书如有印刷、装订等质量问题,本社负责调换
版权所有,请勿擅自翻印和用本书
制作各类出版物及配套用书,违者必究

前 言

Preface

生态美学是一种包含生态维度的新审美观,具体到桥梁工程建设而言,就是要求桥梁除实现交通功能外,还能与周边环境协调发展,并体现自然、生态化倾向及景观价值。随着经济的快速发展和城镇化率的提高,山地城市交通基础设施建设过程中需要修建大量的桥梁以跨越沟谷地形。山地沟谷具有地形相对高差大、地质复杂、生态脆弱、环境敏感等特点,桥梁建设对山地城市自然景观、生态环境、社会经济等的影响比平原区更为显著,因而对山地城市桥梁的生态美学设计及评价方法展开研究具有重要的学术意义和社会价值。

本书从美学及生态学的基本原理出发,通过吸收当代生态美学的观念、生态科学的思维与生态哲学的思想,结合典型山地城市的特点,多方位、多层面地探索现代桥梁生态与美学的本质、内涵及其规律,主要完成的工作包括:首先,针对桥梁生态美学研究领域现有成果的缺失和不足,为了兼顾交通功能与景观、生态平衡的问题,将城市景观规划设计中的生态美学理念引入山地特殊的城市环境中,探索了适合山地城市桥梁景观设计的原则与具体方法。其次,根据山地城市地形及道路路网特点,构建了山地城市桥梁基于生态美学设计的理论框架及评价指标体系。最后,基于本书提出的山地城市桥梁生态美学评价指标体系,对山地城市重庆的一些典型桥梁进行了生态美学评价。

本书共7章,第1章介绍了桥梁生态美学的基本概念及发展情况;第2章为桥梁美学设计理法与实践;第3章阐述了基于生态学的桥梁设计方法;第4章介绍了山地城市桥梁生态美学设计原则与方法;第5章构建了山地城市桥梁生态美学评价指标体系;第6章运用山地城市桥梁生态美学评价指标体系对重庆市典型桥梁进行了生态美学评价;第7章阐述本书研究结论,对未来山地城市桥梁生态美学研究提出展望。

本书由重庆工商大学艺术学院李艳独著,在写作过程中得到了重庆大学张亮亮教授的倾力指导,同时也得到林同棪(重庆)国际工程技术有限公司相关专家及技术人员的大力支持和协助,他们为本书提供了大量第一手桥梁美学资料,还提出了许多宝贵的意见和建议。另外,本书还得到了高勇、邓宇、陈阳阳、吴波、孙倩等的大力帮助,在此对他们表示感谢。本书还参考了许多国内外文献,特此也向这些文献的作者表示感谢。

由于作者水平有限,书中难免存在不足,敬请各位读者批评指正。

李 艳

2020 年 8 月

目 录

Contents

图目录

表目录

1 绪 论

1.1 研究背景、目的和意义

1.1.1 研究背景

作为一个多山国家,我国山地面积占全国陆地总面积的 2/3 以上,耕地缺少成为我国经济发展的主要矛盾。近年来,城镇化发展速度加快,农村人口将逐步向城市转移,人口和生产要素在城市聚集后带来两个现实问题:一是人们的住行需求不断提高,城市新建区域的道路、房屋等不得不向高坡度、高生态敏感度的山体推进,建筑技术进步带来深挖高填边坡,不仅破坏了原有的山地生态环境,也容易诱发严重的地质灾害;二是人们对城市自然环境的生态质量、景观风貌等提出了更高的要求。1980 年,国际山地学会(IMS)在联合国教科文组织的赞助下成立,其创办的宗旨是"为谋取人类和山地环境与资源开发之间的良好平衡而奋斗"[1]。对于我国山地城市的建设而言,在人-地矛盾日益突出的情况下,如何谨慎地开发和利用山地资源,绿色、科学、生态地处理城市建设与环境之间的关系,达到可持续发展是当前需要重视和解决的问题。

城镇化率提高后,山地城市交通基础设施建设中需要修建大量的桥梁,以跨越沟谷地形。与平原区相比,山地沟谷具有地形相对高差大、地质复杂、生态脆弱、环境敏感等特点,桥梁建设对山地城市的自然景观、生态环境、社会经济等影响比平原区更为显著。以前的山地城市桥梁工程建设中,一般遵循通用的"安全、适用、经济、美观"的设计原则,即关注桥梁结构自身的安全性、结构类型和布置形式的适用性、工程投资的经济性、桥梁结构自身的美观等几个方面,而对山地城市独特的生态环境、地形地貌特点、地质环境及人文历史等缺乏足够的重视和保护。

生态美学是一种包含生态维度的新审美观,具体到桥梁工程建设而言,就是要求桥梁除实现交通功能外,还能与周边环境协调发展,体现自然、生态化倾向及景观价值。城市桥梁设计融入生态学的概念,解决了两个方面的问题:一是在桥梁的设计和建造过程中注重生态的保护和维护,最大限度地减少对现有生态的破坏;二是营造新的生态系统。一个结构合理、布局均匀、功能稳定的山地城市桥梁生态系统,是对山地城市自然环境的保护和营造。

虽然在很久以前就已经提出桥梁生态美学的概念,但大量研究仅停留在生态学和桥梁美学简单叠加的层次,在桥梁工程设计建造中深度融合生态学和桥梁美学思想方面的研究匮乏。目前,针对山地城市桥梁基于生态美学思想的设计原则和设计方法尚未形成;对桥梁工程开展生态美学评价也缺乏可以量化的指标及评价体系。以上问题导致生态美学的思想在山地城市桥梁设计中仅停留在概念层次,无法对桥梁的设计、建设过程产生有效指导作用。

1.1.2　研究目的

本书研究目的可归纳为以下 3 点:

①解构山地城市桥梁生态美学的内涵。结合多山城市桥梁生态美学的概念界定、原则、方法,从生态设计与美学评价标准角度提出山地城市桥梁总体设计框架,在经济、适用、环境同步发展的前提下,审视山地城市生态系统健康、环保与审美的可行性,丰富山地城市桥梁生态美学的内涵。

②构建山地城市桥梁生态美学评价指标体系。综合考虑山地城市桥梁的桥位、桥型、桥位所处地形地貌、水文、气象、植被及生物群落、工程地质及航运等因素,通过构建山地城市桥梁生态美学评价指标体系,从生态保护角度实现桥梁与周边环境和谐共生,从大众审美要求角度达到桥梁与城市景观的和谐共融。

③提出桥梁设计建设中生态美学评价指标体系的应用方法,并对重庆典型桥梁进行生态美学评价。

采用山地城市桥梁生态美学评价指标体系的应用方法,对重庆 4 座具有代表性的桥梁进行生态美学评价,验证上述指标体系的合理性及可行性。

1.1.3　研究意义

从美学维度来看,桥梁的存在如同一座大型雕塑艺术品,其自身结构与周边环境匹配度的大小,直接关乎区域自然景观的好坏;从生态学维度来看,其设计是否融入生态学理念,是否在桥梁设计和建造过程中注重生态保护和维护,并营造新的生态系统,是区域生态系统是否呈良性循环发展的关键。

由此,为响应习近平总书记在十九大报告中提出的"人与自然和谐共生","贯彻绿色发展理念,大力推进生态文明建设"号召,项目组成员对山地城市桥梁基于生态美学设计的评价方法展开研究,具有重要的理论意义和学术价值,并在山地城市桥梁生态美学评价上,具有重要的应用价值。

1.2 桥梁生态美学概念及相关概念辨析

1.2.1 桥梁生态美学概念

近年来,随着生态环境的恶化,人们对城市桥梁提出了更高的要求,如需保护生态环境、重视与周边环境的协调美等。桥梁生态美学的概念出现得比较早,而且国内外也有相关实践,但对桥梁生态美学的系统性理论研究还较少。桥梁生态美学涉及多个学科,其中艺术学、生态学、环境学和哲学等各自为政,相关概念和一些基本问题存在分歧和争议,因此有必要对桥梁生态美学的概念和一些基本问题进行探讨。

1) 生态美学

提到生态美学,首先要解决的问题是:生态是什么? 生态主义是什么? 生态美学是什么?

生态是指社会环境与自然环境中所有生物存在的状态[2]。自人类从动物界中脱颖而出,成为可以改造自然的王者之后,生态就不仅仅由自然造就,而且融入了诸多人为因素。

生态主义可理解为两种:①以人为本的社会与自然界所有生物达到一种平衡发展的规律;②摒弃以人为本,主张所有生物一律平等,审美对象可以是所有生命个体或群体。第二种看法从生态主义的本质来看好像更有道理,但是对待非人类中心主义的概念要慎重,因为人类的崛起已经使得生态不再只是自然的生态,人与自然生物的关系也不可能完全平等。因此,生态主义既然由人提出,必然要以人为本,然后再谈与自然的和谐[3]。

生态美学概念现今可参考的文献很多,最常用的有:①自然界所有生物群体和谐发展的生态审美关系,这是狭义理解;②广义理解为建构物与自然生物及社会群体之间关系都符合生态审美。生态美学是美学理论与生态学理论相融合,从地球生物的生态性来考虑其审美,也是从审美的角度去考虑所有生物生存空间生态是否失衡,两者互相吸纳其精髓,形成全新的美学理论。其具体内涵包含与时俱进的时代精神和丰富的哲学人文学思想[4]。

曾繁仁教授对生态美学的理解:现当代美学应纳入"共生"思想,同时从生态维度存在论的角度使美学理念转型[5]。

2) 桥梁美学

日本著名的桥梁专家伊藤学先生在《桥梁造型》中认为,桥梁在人们生活中的作用十分重要,不仅体现在其跨越功能上,还体现在它的美学意义上[6]。

桥梁美学有狭义和广义之分,狭义的桥梁美学指的是桥梁的形态美,广义的桥梁美学还包括桥梁的功能美和与环境的和谐美。桥梁美学作为美学在工程界的一个分支,不仅有着美学的一般特点,还要包含跨越能力要求的力学规则,力与美交织,刚与柔并济。因此,桥梁美从某种程度上可以理解为技术美,它源于纯技术,萌芽于艺术创新,产生于创新技术,是技术与美的碰撞融合[7]。

桥梁美的认识和观点众说纷纭,但有些观点却不谋而合。在桥梁形式方面,桥梁美要求因地制宜,以功能为主,造型和经济协调;在结构方面,桥梁美追求传力简洁明确,力流通过顺畅,材料充分利用;在色彩方面,桥梁美追求简洁大方,与地方特色相协调,与桥梁风格定位相符;在线型和比例方面,桥梁美追求线型流畅,比例得当,符合美学要求。美是相对的,即便满足上述所有要求,造出的桥梁也不一定美,但是美的桥梁一定都满足这些要求。因此,桥梁美就是在一般条件下创造出独特的美感,这要求桥梁设计师具有敏感的艺术神经和浑厚的美学功底。

3) 桥梁生态美学

桥梁生态美学,顾名思义,既包括桥梁美学又包括生态美学,但绝不是二者的简单叠加。正如桥梁景观设计中的一大严重误区:景观设计和桥梁设计严重脱节,桥梁设计中基本不考虑景观效果,等设计完成甚至施工完成后再来美化景观。这种被动的关系不仅费工费时,还达不到良好的效果,这绝非桥梁生态美学的本意。桥梁生态美学是贯穿在桥梁的整个设计施工运营过程中亲和自然的美学态度。

面对众多环境问题,许多桥梁工作者清醒地认识到桥梁建设对环境的巨大破坏作用。第二十届世界建筑师大会隆重指出,保护环境应成为所有建设的前提,并出台《北京宪章》加以约束。桥梁生态美学也在这次大会上若隐若现。大会首次提出了桥梁景观设计要重在与自然环境的协调、重在保持景观的可持续发展,并为桥梁建设的美学设计给出具体指导意见,明确要求桥梁建筑必须达到周边桥梁环境环保美观与桥梁自身艺术美观统一[8]。

1.2.2 相关概念辨析

1) 桥梁美学与桥梁生态美学

桥梁理论的研究和实践,进一步催化了桥梁美学的诞生,人们的意识开始从单纯的桥梁技术美向景观美转变,具体表现为设计施工桥梁时,在满足工程规范的前提下,要求外貌形态尽量美观,并与环境协调。

与之对应的则是桥梁生态美学。二者看似相差甚微,实际上却有质的变化:前者体现的是人对景观之美的追求,人是凌驾于环境之上的;后者则昭示了桥梁与环境的协调不仅局限于景观,还体现在人与自然关系的反思:人与自然应该是平等的。这种意识上的转变可以称得上是美学史上的里程碑[9]。

桥梁美学与桥梁生态美学的区别固然不小,但二者之间却不是对立的。生态美学思想在桥梁美学中并不是无迹可寻,只是没有正式作为一种意识形态提出。纵观桥梁史上的璀璨群星,经得住审美考验的桥梁都是与周围环境融为一体甚至锦上添花的,或许它们的设计者并没有明确的生态意识,但最终结果都暗合了生态美学的根本内涵。

我国建造于隋代的赵州桥,距今已有1 400多年的历史,它不仅年代久远,保存完整,其选址、设计和施工中的巧思至今都令人叹为观止。赵州桥桥型古朴典雅,线型唯美,设计上达到了融功能、环境与技术为一体,也是生态美学在桥梁中的充分展示与体现。从图1.1可以看出,赵州桥桥身与其倒影形成一个完整的椭圆形,上下两半咬合在一起,简直是天工神斧,令人惊叹！周围高大的树木为桥身遮风挡雨,显示出赵州桥的幽静美。

1985年,美国北卡罗来纳州高架桥(图1.2)因其简约流畅的线型以及与周边环境相融的色块获得美国优秀设计奖,它俨然已经成为环境的一部分[10]。

图 1.1   赵州桥

图 1.2   美国北卡罗来纳州高架桥

2)桥梁生态学与生态美学

生态学概念在现代已上升到生物生态系统各个层级的理论研究,早在20世纪30年代,美国专家Lindeman提出金字塔形生态能量互相转换"十分之一定律",这标志着生态学开始成为独立学科进入研究领域。而真正的生态学概念则出现得更早,其标志为德国海克尔思考生物与生存环境相互影响的科学。

桥梁生态学是生态学的一部分,主要研究桥梁整个区域内因生物活动对环境产生作用的一门科学。桥梁生态学隶属于生态学范畴,是一门独立的学科,而桥梁生态美学则隶属于美学范畴,是否成为学科在学术界尚有争议。二者虽只有一字之差,意义也截然不同,但显而易见的是,桥梁生态美学是以桥梁生态学为基础的美的延伸。

提到桥梁生态学,我们再来探讨一下与生态学相关的另一名词——生态位。它是由美国学者格林内尔提出的,其含义为生物在生态系统中对周边环境产生的影响。经过90多年的发展,生态位的概念和理论已趋于成熟,超越了生物学,并逐步渗透到其他很多领域。

桥梁生态位是指与桥梁相关的生态因子及关系。桥梁生态位包括了桥梁功能价值、生态价值以及文化价值在内的所有因素。桥梁作为一种公共建筑物,不仅要满足其功能价值,即缓解交通压力、方便人们出行,还要考虑桥梁的生态价值。桥梁的生态价值,不仅体现在桥梁对原生态环境的服从,更体现在桥梁对原生态系统的改变。因为桥梁的存在,使得原来的生态环境更加和谐,风景更加秀丽。除此之外,桥梁的生态位还决定了桥梁的人文价值取向。任何一种桥型的选择、跨度的选择,乃至施工建材和桥梁装饰的选择,都将影响一个地区或城市的人文观念。桥梁的生态位设计就是综合考虑桥梁的功能价值、生态价值和文化价值的产物。

生态位概念的提出至今将近百年,然而真正外延到建筑学等领域的时间却很短暂。生态位与土木工程的结合是生态位概念的一次跃进,也是土木工程行业的一次重大突破。在生态位指导下设计和施工桥梁将成为 21 世纪工程建设的主导方向。但是,生态位的策略和方法还不成熟,无论是在理论上还是在施工技术上都有待突破,因此,桥梁生态位的策略与方法值得仔细深入地研究。

3) 桥梁生态美学与城市桥梁美学

上节阐明了桥梁生态美学与桥梁美学的关系:桥梁生态美学是桥梁美学与生态学的碰撞与融合。城市桥梁美学区别于桥梁美学的独特之处就在于城市桥梁的人文意义,这使得城市桥梁美学在形态美的基础上还要融入设计者想要表达的人文情怀,美学难度更上一层楼。

城市桥梁建设的原始目的是便于交通。但随着人类物质文明的不断进步和发展,人类不再为物质所束缚,对精神世界的向往越来越强烈,城市的建设也相应充满了人文气息。城市桥梁作为城市中的标志性建筑,是城市文化、民风民俗的集中体现,因此城市桥梁建设的要求不再局限于通达,而越来越注重城市精神的传达。目前的城市桥梁建设处处体现了地域特色、环境和谐和民俗统一的要求,特别是桥梁的色彩都会选用与城市民俗文化背景相贴切的色调。

4) 桥梁生态美学与城市桥梁生态学

如前所述,城市桥梁对赋予桥梁的文化内涵比一般桥梁有更高的要求,城市桥梁生态学也相应有所不同。一般桥梁生态学对生态和谐的要求更倾向于亲和自然,而城市桥梁作为一种建筑景观,对生态和谐的要求不只是亲和自然,更要亲和社会。城市文化也是一种生态,是城市化进程催化下的文明产物,从这个角度看,城市桥梁的特殊性拓展了桥梁生态美学的范畴,衍生出城市桥梁生态美学。

1.3 桥梁生态美学发展历程

桥梁生态美学日益为人们重视,标志着人类文明的进步,不同国家、不同时代的桥梁生态美学都有着典型的时代特征。

1.3.1 桥梁生态美学思想的起源

桥梁生态美学的发展经历了数个阶段,从起源说应该分为两个方向:桥梁美学和桥梁生态学。

18 世纪 60 年代,产业革命开始,机器时代来临,在新材料和新技术的推动下,人们对桥梁造型有了新的向往,但是由于对桥梁美的认识并不统一,这个阶段的桥梁造型风格迥异。这个阶段人们对桥梁美学的彷徨和思考,就是现代桥梁美学的萌芽。

桥梁美学在其发展过程中很大程度受到建筑思潮的影响,而桥梁生态学的起源则是生态主义思想的产生。生态主义思想萌芽于 17—18 世纪,产生于 19—20 世纪初,受到了欧洲艺术思潮的极大影响,并在环境保护运动中得到重视,从而开始了对桥梁与环境的生态研究。

17 世纪,欧洲文艺复兴思潮引发了古典主义的理性与文艺复兴的非理性之间的斗争。古典主义文化主张征服自然,开辟疆土,而文艺复兴思潮则向往自然,享受自然生活,这是历史上人类对自然态度的又一次转变,依稀显露出自然主义的倾向。

18 世纪,君主集权制逐渐走向没落,启蒙运动又一次点燃欧洲。以卢梭和狄德罗为代表的浪漫主义思想家"回归自然"[11]的主张,又一次拉近了人与自然的距离。他们认为只有淳朴的自然状态才能激发人类最纯真的情感,人类只有回归自然才能达到世间万物的和谐。直至此时,孕育人类的自然方真正得到人类该有的尊重,获得独立的审美价值,生态主义的种子种进了人们心里。

19 世纪下半叶兴起的工艺美术运动,反对机械产品的粗制滥造和装饰的矫揉造作,主张从大自然中寻找灵感,以简约的设计风格表现对自然的眷恋和向往。19 世纪末至 20 世纪初由 Charles Robinson 发起的城市美化运动[12],认为环境问题造成了相当程度上的社会问题,而解决此类社会问题的途径是改善城市环境,创造一种物质、景观和空间环境的新秩序。1962 年,Rachel Carson 出版的《寂静的春天》一书,开启了环境保护运动的浪潮,人们从此彻底改变了对自然环境的态度,并开始认识到自然景观和自然资源的重要性,推动了生态主义思想的诞生。

20 世纪,科技迅猛发展,人们的思想和学科建设有了巨大的突破,生态主义思想渗透到其他学科,促进了许多交叉学科的发展,景观生态学就在此时崛起。

1.3.2　城市桥梁设计中融入美学景观思想的兴起

桥梁美学发展并非一帆风顺,在早期理念中,桥梁后期的"包装"才是美学设计,前期为结构设计,与美学无关。这种做法我们认为是不可取的,桥梁美学设计应该从勘察阶段就介入对环境、桥梁结构、引道线型、辅助设施等综合评估,进行美学论证,才能建出形式美、功能强并符合环境要求的大桥。

第二次世界大战后,为使桥梁与其周边环境协调,桥梁结构的美感提上日程。具体方案实施表现在以下 3 点:第一,运用大型桥梁,强调其作为环境主体的功能和作用,突出其存在;第二,融合桥梁于整个周边景物中,用与景物同类色彩去呼应环境;第三,消解任何对周边环境带来不和谐的因素,根据山地城市自身特有的地形,保留其原貌,使桥梁起着纽带作用,达到技术与艺术美的统一。

1.3.3　生态美学思想在桥梁设计中的应用

20 世纪 60 年代,发达国家在桥梁生态维护与格局连续上曾有过不少研究与实践。交通通道的修建方便人们出行,但也会将连续的生态环境分割,对野生动物的保护也受到影响,它们会将动物迁徙的路径隔断,桥梁的修建很好地解决了这些问题。桥梁作为生物通道,为陆地动物提供安全走廊,并与城市自然生态有机结合,使人类生态环境得到可持续发展。这样的桥梁通常被称为"绿色桥梁",例如伯伦纳高速公路的生态桥梁[13]。

伯伦纳高速公路经由奥地利连接德国与意大利,为了使阿尔卑斯山的完整性不遭受破坏,同时也使整个山区里的动物迁徙不遭受阻隔,道路经由阿尔卑斯山时采用了全程高架桥的形式。

如同伯伦纳高速公路这种高架桥,应属于保持陆域连通的绿色桥梁,而桥梁的原始作用是跨越水域,因此相应的还有跨越水域生态廊道的绿色桥梁,白令海峡生态桥(图1.3)就是一例。白令海峡生态桥的修建将北太平洋与北冰洋之间的行程缩短,减少了使北极气温升高的行车,也为海洋动物的过往带来了便捷。该设计在白令海峡设计比赛中获得二等奖,由OFF Architecture 公司设计[14]。

图 1.3 白令海峡生态桥

桥梁在生态方面的贡献还有一种较普遍的方式,即城市绿色桥梁廊道。随意走进一座公园,都有可能看到这样一座小桥,它们设计的优劣在很大程度上影响了人们的视觉和心理感受。伦敦麦尔安德公园中的"绿桥"(图1.4)就是一个成功的例子。麦尔安德公园被道路分割成两部分,设计师用一座"伪装"成小路的跨线桥将两部分连接起来。为了配合公园的地形走势,桥面设置了5%的单向纵坡,桥面上种植了约为桥面宽度3/4的绿植,完成公园与桥梁的无缝对接。桥上的风景和桥面的斜坡使人们经常忽略了该桥的存在[15]。

图 1.4 麦尔安德公园"绿桥"

1.3.4 城市自然生态保护计划的推行

当代存在论美学理论中,美与真理并不相悖,传统美学中"人化的自然"也非完全主导着现代生态自然美,人与自然之间的审美是具备生态维度的自然美。这种自然美突显的美学价值是显而易见的,但却很容易被人类的贪欲所破坏。

20 世纪以来,随着经济和社会的发展,环境恶化愈加突出,各种公害事件接连发生。西方国家在经历了惨痛教训之后,开始实行自然保护计划,很多国家在桥梁通道、桥墩、桥柱上培育多样的生物,保护本地资源。1971 年,人类与生物圈计划(MAB)国际协调会召开,把改善生态环境、呈现生态自然美作为其主要目标。美国西雅图高速公路公园便是该计划的产物,公园设计完全是仿生态,包括绿化、建筑等[16]。1972 年,《人类环境宣言》的出台,意味着人类环保意识的觉醒并开始付诸行动。20 世纪 70 年代,《马丘比丘宪章》的发表,其核心思想为统一城市景观,并综合分析各种生态元素,进行统一规划,提升城市景观的高环保性和审美性[17]。

1.4 研究现状及存在的问题

1.4.1 桥梁生态美学研究现状

1) 桥梁美学

桥梁景观是城市形象的重要组成部分。桥梁美学理论研究,是日本及欧美国家应对城市桥梁美观的重要途径。

20 世纪 60 年代,德国著名桥梁专家弗里茨-莱因哈特出版的《桥梁造型》,使得现代桥梁美学开始建立自己的理论体系,同年日本加藤成平的《桥梁美学》一书,可以称得上是桥梁美学发展的基石;20 世纪 80 年代,弗里茨-莱因哈特的《桥梁建筑艺术与造型》、日本山本宏的《桥梁美学》[18]、美国交通运输研究部门和美国研究学会共同出版的《世界桥梁美学》,以及1991 年《环球桥梁美学》[19] 的出版,使桥梁美学朝着更为成熟的领域发展;1985 年,美国Billinton 的《塔和桥——结构工程的新艺术》发表,该书综合了全球 24 位杰出桥梁工程师在桥梁美学方面的实践经验,得出了一系列共同的看法,如桥梁与所在地的统一、关联设计等[20],书中提到完全独立于建筑艺术之外的新型结构艺术形式。这表示桥梁美学的审美观已经确立,甚至开始有些制式的条款作为审美的依据。1998 年,美国桥梁景观专家 Frederick Gottemoeller 出版 Bridgescape—The Art of Designing Bridges 一书,"桥梁景观"概念被正式提出,并将桥梁景观设计中美学思想、历史文化内涵、技术功能放到同样重要的地位。

桥梁美学理论研究在中国也早被专家学者关注。1965 年"中国桥梁之父"茅以升提出"桥文化"概念之后,唐寰澄出版了很多专著,致力于桥梁艺术与美学研究。在他撰写的文章中,曾屡次提及"三个统一":第一是感性和理性的统一;第二是人和自然的协调统一;第三是造型和功能的统一。由此可见,生态美学其实一直蕴含在桥梁美之中,只是随着生态问题的加剧,人们对它越来越重视,它才从中逐渐突显出个性与不同。2005年,上海同济大学陈艾荣教授的《桥梁造型》一书,提出桥梁美可以通过技术手段实现,并归纳了包括单元造型法、比例设计法等多种设计构思方法[21]。这些学者的思考和努力,奠定了桥梁美学理论的坚实基础,推动着它走向成熟。

2) 生态美学

离开生态单纯提倡美学的建筑是不科学的建筑,基于生态美学理论建造的城市建筑是与人和自然和谐相处的根本方式。

20世纪,"整体人类生态系统"由北美植物生态学家Egler提出,主要阐述植物与人类形成相互作用的整体,并作用于景观。

同时期另一位北美生态学家Danaereau提出"人类生态学""意识景观""理性圈"等概念[22]。

1949年,美国奥尔多·利奥波德出版的 A Sand County Almanac 一书中提出了"环保美学"概念,标志着西方生态美学思想萌芽。20世纪90年代,美国理查德·E.切努维斯和保罗·H.高博斯特的《景观审美体验的生态和本质》的发表,成为生态美学思想在欧洲和北美发展时期。21世纪以后,亚、欧、美洲许多国家都对生态美学理念进一步研究,生态美学研究获得了快速多元化发展[23]。

20世纪90年代中期,生态美学概念首先由中国的美学家提出,当时正值生态理论在国际范围内热议。1991年,在《建筑学报》上发表的《从中国生态美学瞻望中国的未来》中,台湾学者杨英风提及"生态美学"一词,但他只是从古代人朴素的生态思想融入未来建筑设计方面探讨,并没有涉及生态美学的内涵。

李欣复的《论生态美学》是国内第一篇较完备地论述生态美学的文章,他在文中写到,生态美学是应生态危机之际发展起来的一门新兴学科,它的发展伴随着全球环保和绿色运动。在此之后,陈清硕发表了《生态美学的意义和作用》、余正荣发表了《关于生态美学的哲学思考》,两篇文章中分别阐述了作者对生态美学本质的看法,并提出了生态美学的内容,标志着中国学者对生态美学的研究正式开始。

2000年,徐恒醇的《生态美学》和鲁枢元的《生态文艺学》以及曾永成所著的《绿色之思:文艺生态学引论》相继出版,标志着生态美学从粗浅的理论开始转为系统深入的研究,研究的主要目的是确立生态美学的范畴,从而达到人与自然和谐相处,使人生境界达到真、善、美三者统一的自由状态[24]。

2008年底,据统计,我国召开了10次左右以生态美学为主题的学术研讨会,出版了10多本相关专著,申请并通过了5项国家社会科学基金项目,国内从事生态美学研究的学者也积极与国外知名学者交流,我国生态美学研究呈现不断发展之势。

3) 桥梁生态美学

桥梁生态美学运用到桥梁建设中,会取得良好的生态、景观、社会和经济等多重效益。2005年,万敏在《世界桥梁》发表《与生态立交:绿色桥梁的理论与实践》,分析了绿色桥梁景观的连续性[25]。

曾繁仁教授认为,生态美学不是简单的生态学与美学相加,而是一种闪耀着中国智慧的美学观念,一种跨过生态纬度的当代存在论审美观,它不能算作一个独立的学科,而是美学学科在当代的延伸和发展[26]。

近年来,桥梁生态美学在桥梁建设中体现出指导意义。目前,国内有不少城市在桥梁设计和建造过程中引入了生态美学的理念,取得了良好的生态效益、景观效益、社会效益和经济效益。最具代表的是2008年北京奥运会奥林匹克森林公园,它采用景观生态学理论,用桥梁连接被五环分割的森林公园,保护了公园生态链和景观链的连续[27]。河南平顶山市的绿色桥梁建设也是桥梁生态美学实践的实例之一。

随着人们生活水平的不断提高,国家顺应人们回归自然的理念,越来越提倡生态环境工程的建设,很多城市均实施或规划城市的"绿廊""绿道""森林廊"等生态设施。但这些生态廊道若要产生真正的生态效益,就必须解决城市道路对廊道的切割问题,于是绿色桥梁便有了可"用武"之地[28]。

总的看来,桥梁生态美学研究在国内还存在大量空白,有关山地城市桥梁生态美学评价体系研究也呈现碎片化;评价指标尚不明确;尤其是规划部门、设计部门进行桥梁设计与建设中对生态美学的评价还无据可依,山地城市桥梁评价指标体系仍处在变革、完善之中。

1.4.2 桥梁生态美学研究存在的问题

桥梁的本源是跨越水域为两岸建立联系,随着生态意识的普及,桥梁的联系功能从人类通行扩展到生态交流,我国在绿色长廊中虽然都有意识地将桥梁运用到保护生态设计中,但文献研究表明,桥梁生态化设计还没有系统的理论方案。主要集中在以下几个层面:

①桥梁工程行为生态化效应。这一研究只单纯地包括物理、化学、生物以及社会这几方面的效应,尚未提及具体生态化设计理念,在桥梁设计、施工以及养护维修阶段没给出具体生态化策略。

②从桥梁生态系统保护的角度进行桥梁环境保护研究。该研究片面注重后期养护维修阶段对桥梁生态体系的保护,没有涉及桥梁设计和施工阶段,因而在科学性和完善性上尚欠缺,不能形成独立的桥梁生态化设计理念。

③通过分析桥梁和生态的关系,阐述生态设计的重要性。在强调生态设计对桥梁生态系统中绿化和植被的保护作用时,片面强调绿化的生态作用。

国内外学者对桥梁美学的研究很多,也提出了很有价值的研究成果用以指导实践。无论是日本竹内博士提出的形式美、功能美及与环境协调的成果,还是欧美国家强调的"3E"理论,包括我国学者的研究成果,都未解决生态美学跨学科的问题。桥梁生态美学涉及的学科有景观学、桥梁工程学、美学、建筑学等,无一不是为山地城市桥梁生态美学的研究提供更多的理论与实践支撑,因而对其他学科的研究也有待加强。

桥梁生态美学的实践比比皆是,但是实证研究还有很大的提升空间。在我国桥梁生态美学领域的研究正呈起步之势,部分高校和科研院所的学者也在加大关注的力度。但因各所城市的情况不同,研究状况差异很大,没有形成被广泛接受的理论体系,对实际桥梁设计指导性不强。因此,要加强桥梁生态美学理论在实证中的反复运用并总结经验,形成完整理论体系,为桥梁设计提供生态美学依据。

生态美学思想的萌芽可以追溯到几百甚至几千年前,但国外的生态美学研究与园林设计结合较为紧密,对桥梁方面的研究较少;国内的生态美学一直盛行于文化艺术界,在工程界没有具体的理论提出,富含生态美学的桥梁大都是靠设计师对生态美学的经验摸索设计出来的。近代桥梁生态美学的研究开始抬头,但成果仍然不甚显著,多为抽象的认识,尚没有确定的指标体系评价桥梁生态美学。

1.5 研究内容、方法和技术路线

1.5.1 研究的主要内容

①研究桥梁生态美学的概念,丰富桥梁生态美学的内涵;对桥梁生态美学与古典桥梁美学、桥梁生态美学与桥梁生态学、桥梁生态美学与城市桥梁生态学进行概念辨析。

②根据桥梁学、桥梁生态学、城市桥梁生态学、景观桥梁生态学、艺术学和生态美学等相关学科的基本理论,同时参考《城市桥梁设计准则》、城市桥梁景观美化的《北京宪章》等方法,提出桥梁生态美学营造的原则和方法。

③构建山地城市桥梁生态美学评价指标体系,为山地城市桥梁生态美学评价提供部分参考,以重庆为例对山地城市桥梁进行评价。

1.5.2 研究方法

本书在构建山地城市桥梁基于生态美学设计理论框架的过程中,针对山地城市桥梁生态美学设计体系中所涵盖的桥梁工程行为的生态化效应、生态系统的保护和生态美学评价指标体系进行研究,主要应用了以下研究方法:

1)案例分析法

通过对山地城市已建(在建)桥梁和地理环境进行分类,研究每类桥梁对周围环境生态系统带来的正负面影响。总结原有设计中对桥梁生态系统有利及不利的设计理念,为今后的桥梁生态化设计理念提供基础。

2)实证研究法

选择典型山地城市进行实地考察和调研,通过走访、问卷调查、实地踏勘等方式搜集第一手准确资料,发现问题,融合城市美学、生态伦理学、生态学和哲学等多学科的理论加以剖析。

3) 哲学思辨法

生态美学合理性是新世纪时代精神的体现,它为人们科学地认识自然、社会、人类与自然的关系以及人类自身的价值提供了新的思维方式和研究方法,拓展了人们的认知审美能力。生态美学的合理性继承和发扬了人类文明成果,打破了当前社会的局限性,并纠正了人们片面的价值观念。

4) 现象学方法

现象学方法是将人的主观意识与客观事物作为一个整体进行考察分析,客观、完整、准确地描述各种现象,由此挖掘更为一般和具有普遍意义的本质问题。一方面,用具体准确的术语而不是抽象模糊的概念阐释桥梁生态审美过程,将桥梁与人类的日常生活经历紧密联系在一起。另一方面,在桥梁特定的地点,具体分析周边环境的各个因素,考察人类与桥梁的相互关系,从人们的生态审美体验中揭示桥梁及其形式的具体意义和价值。

5) 逻辑推理法

这种研究方法是基于哲学理论。本书应用层次分析法、专家咨询法从桥梁生态学和景观美学指标两个方面出发,生态学以外部影响与生态补偿为准则层,美学以桥梁造型与桥梁景观为准则层,用山地城市桥梁生态美学设计中生态补偿度、人文倡导和风俗特色的体现程度、桥梁结构与山地城市景观协调度、人类活动对生态系统的破坏度、自然灾害对生态系统和桥梁结构破坏度、山地桥梁选址的合理性、山地城市桥梁色彩与材质的选择、山地城市桥梁夜景照明、绿化的景观水平9个三级指标,进行层层逻辑推理,搭建山地城市桥梁生态美学体系。

6) 经验归纳法

这种研究方法是用科学的方法对大量的山地城市桥梁作品及相关的生态审美现象进行分析,为山地城市桥梁生态美学评价指标体系提供经验支持。

1.5.3　技术路线

从图1.5可以看出,本研究的重点是山地城市桥梁生态美学及其综合评价指标体系,其技术路线沿着3条主要思路展开,分别是桥梁生态美学的概念及内涵、桥梁生态美学的营造原则与方法、山地城市桥梁生态美学综合评价指标体系。

本书将从理论和实践两个方面相结合去研究,从中探索出新的理论原则以指导桥梁生态美学的营造。理论上,着重从桥梁学、桥梁生态学、城市桥梁生态学、景观桥梁生态学、艺术学、生态美学6个方面进行考证;实践上,将遵从《城市桥梁设计准则》和《北京宪章》的指导方法,以期建立桥梁生态美学营造的原则和方法。

桥梁生态美学综合评价指标体系是本书的另一个重要内容,也是技术路线中重要的一环。桥梁生态美学综合评价指标体系的建立将从两个方面进行:一个是生态学指数,另一个是美学指数。美学指数下设了6个指标,分别是桥址选取、绿化景观水平、夜景照明、色彩材质选取、人文风俗体现度、桥梁景观协调度。生态学指数下设了3个指标,分别是人类活动、自然灾害和生态补偿。

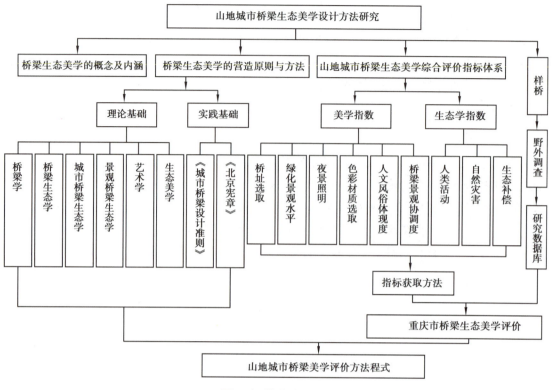

图 1.5　技术路线图

1.6　创新点

本书的主要创新之处包括：

①构建山地城市桥梁生态美学设计框架,系统论证了山地桥梁设计生态美学理论拓展的合理性(第 4 章)。

②通过构建山地城市桥梁生态美学评价指标,研究制订符合山地城市桥梁生态美学评价指标体系,为中国山地城市桥梁设计提供参考(第 5 章)。

③应用山地城市桥梁评价指标体系尝试对重庆山地城市桥梁进行科学评价,为桥梁设计部门提供参考(第 6 章)。

1.7　小结

　　本章介绍了本书研究的背景、研究目的和意义以及桥梁生态美学的概念和内涵，并将各种与桥梁生态美学相关的概念进行比较。本研究认为，近代桥梁生态美学是继承和发展传统桥梁美学、国外桥梁生态美学经验，建造既符合环境生态性又符合景观审美标准兼顾实用功能的城市桥梁。

2 桥梁美学设计理法与实践

2.1 桥梁美学理法

美学即人类对美的创造与欣赏的过程,是一门研究美的规律的科学,其主要研究对象为音乐、文学、绘画、戏剧等艺术规律,之后慢慢扩展到技术、劳动、文艺、心理学、生活美学等领域。

桥梁美学以桥梁的广义美学定律为标准,使桥梁在进行艺术设计和审美评价时有特定准则遵守。它是进行桥梁造型与艺术设计时的理论根据,从而更好地将桥梁艺术与造型美展示[29]。美学与建筑美学是桥梁美学发展的重要理论支撑。

建筑美学属于技术美学范畴,不仅针对建筑主体进行美学属性研究,还对建筑周围环境因素进行审美剖析,形成审美评价理论,也对建筑美的原因、类别及其历史演变进行深入分析。桥梁美学是建筑美学在桥梁这一特殊建筑领域内的应用。近现代建筑崇尚简化明快的艺术形式,将之前豪华装饰消解,采用新的理论技法,使空间结构更为丰富,其中产生了对桥梁美学影响巨大的新建筑运动。

新建筑运动产生于19世纪末至第一次世界大战前,这个时期出现了一批新的建筑流派,他们提倡的"少就是多""形式服从功能"等理念,对传统豪华复古思想产生了极大的冲击,为20世纪建筑变革奠定了基础。这些理念为20世纪建筑师具有自己独特思想起着划时代的作用,因而这一阶段被称为新建筑运动[30]。

桥梁建筑风格在新建筑运动以前,也是以复古风为主,例如建于1883年的布鲁克林桥,结构虽为现代风格,塔却为拱门式古典造型。建于之后的华盛顿桥其初衷是想用花岗岩裹住钢结构主塔,但因经济危机爆发最终没有实现。建筑思潮的演变使桥梁设计美学中的结构艺术开始萌芽,桥梁设计风格产生了颠覆性的改变,之后桥梁便以简洁明快的造型展现于水域间。

表2.1是18世纪以来桥梁美学和建筑思潮的发展比较,从表中可以看出,建筑美学是桥梁美学发展的基础,为桥梁美学的发展供给养分。随着更多优秀建筑师的参与,桥梁美学的发展也会日趋完善。

表 2.1　桥梁美学与建筑思潮发展对照

时间	桥梁美学的发展	建筑思潮的发展
18 世纪	一味崇尚桥梁艺术形式上的设计	欧洲文艺复兴思潮
18 世纪 60 年代	桥梁设计重功能性,轻美学;桥梁木石材料逐步被金属代替,装饰少	首次产业革命发生,蒸汽机的发明使道路桥梁得到迅猛发展;城市规模大肆膨胀,新旧矛盾明显;建筑开始寻找新的形式与出路
19 世纪初至 20 世纪初	悬索桥、斜拉桥等新型桥梁出现;桥梁装饰少,以结构艺术为主导的桥梁美学思想体系逐步建立	现代建筑运动开始;新材料、技术、形式在工业博览会的促进中出现;以水晶宫、埃菲尔铁塔为代表
20 世纪中叶	重视桥梁的文化内涵与观赏性,不再推崇"形式服从功能"	后现代主义产生;对现代建筑运动的反思
20 世纪后期	桥型多样化年代,诞生"绿色桥梁""桥梁环境景观"等概念	建筑思潮百花齐放;高技派、白色派、生态建筑思潮相继产生

2.2　桥梁工程中的艺术美

当桥梁施工技术、建筑材料中所蕴含的美学规律被提炼成为典范,这些规律便被认为是桥梁美学的参考标准。无论是居住建筑还是桥梁建筑的造型设计,均需遵循三大构成中的形式美法则,它是研究桥梁艺术美的基本条件。在三大构成理论中,艺术的形式美法则主要有以下几点:比例与尺度、节奏与韵律、对比与调和、对称与均衡。

2.2.1　比例与尺度

比例又可分为几何分析法和数学分析法。

1) 几何分析法

使建筑整体以基本几何体为基准(如三角形、圆形、方形等)进行外部轮廓或局部构件设计,从而获得和谐之美。雅典巴特农神庙即是一个运用几何分析法的实例。神庙正面复合多重矩形,再将矩形进行二次分隔构成楣梁、中楣和山形墙的高,使整个建筑呈现稳定和谐之美。桥梁中运用几何分析法比例原理的有西班牙德古斯河桥,该桥修建于罗马时代,桥梁以正方形为基准,以整座桥梁长度为直径,以角点的投影线段八等分构图,桥梁比例优美和谐。

2) 数学分析法

最有名的要数众所周知的黄金分割比例及动态匀称比例。分别由古希腊毕达哥拉斯学派及 20 世纪 20 年代初马哈姆别奇首创。0.618 即是黄金分割比,黄金比例无论是在中西方建筑领域,还是艺术领域都无处不在,当然,比例仅仅是美学规律的一小部分,不可孤立运用,其中还包括桥梁的色彩、材质及与周边环境的协调程度,这里我们单纯地从比例的角度来探讨一下桥梁的造型美。

桥面标高尺寸与桥下净空要求决定着一个桥梁的总体结构。英国纽卡斯尔 Redheugh 桥(图 2.1)与泰国曼谷 Rama Ⅷ桥(图 2.2),黄金分割比例均得到很好的运用。Redheugh 桥在设计中改变了平衡悬臂,使跨径呈黄金分割比,为了使峡谷背景更为美观,采用 160 m 的主跨、100 m 边跨,使之达到所需效果。RamaⅧ桥采用 260 m 主跨、160 m 边跨,使桥梁总体结构平衡,在 60 m 的锚碇上锚固边跨上所有的斜拉索,同时在倒 Y 形索塔上使主跨的双面索形成一个平面,充分采用黄金分割比。

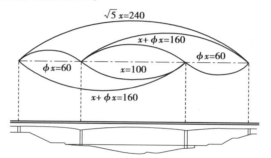

图 2.1　英国纽卡斯尔 Redheugh 桥的黄金比例

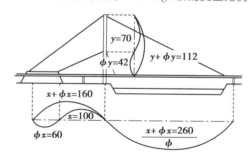

图 2.2　泰国曼谷 Rama Ⅷ桥的黄金比例

美学规律和法则虽然只是一个参考,不是绝对的标准,但在桥梁造型设计中如果比例严重失调,整个桥梁就会没有美感。比如中国香港青马大桥(图 2.3)与美国金门大桥(图 2.4)的造型均为悬索桥,桥塔均为"门"式造型,但因比例不一样,给人带来的审美感受也不一样。青马大桥总长 2.2 km,主跨 1 377 m,桥塔为 1∶1∶1 等分造型,吊杆也因位置不均衡导致竖向造型比例失调,金门大桥桥塔比例更接近黄金分割比,且富有节奏感,立面布局平衡、稳定。因而青马大桥在总体比例效果、立面布局比例及尺度美感上就不及美国金门大桥。

桥梁造型设计比例美是需要考虑桥梁造型设计审美的一个部分,最重要的还是要考虑其主次受力结构的设计,如主桥和引桥、主孔和次孔等,需要在满足其使用功能时才考虑其比例与尺度的审美关系,从而使桥梁既安全又美观。

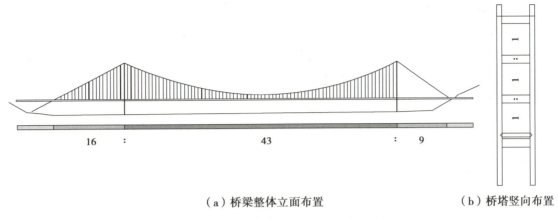

（a）桥梁整体立面布置　　　　　　　　　　　　　　（b）桥塔竖向布置

图 2.3　中国香港青马大桥桥梁比例示意图

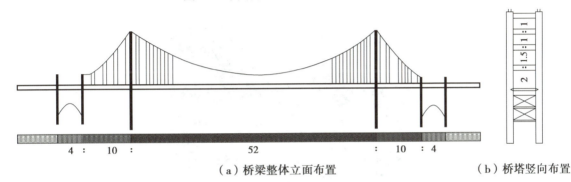

（a）桥梁整体立面布置　　　　　　　　　　　　　　（b）桥塔竖向布置

图 2.4　美国金门大桥桥梁比例示意图

2.2.2　节奏与韵律

节奏是最简单的韵律,它可以唤起人们内心深处对美的共鸣。建筑中的韵律指在建筑构造物中,其形体产生的规律性重复与变化,并形成有节奏的韵律感[31]。上述审美法则在中国建筑艺术中运用得非常广泛,其中规模最大的代表性建筑为北京故宫(图 2.5)。故宫采用对称均衡的手法,以"栋"形成庭院,造型手法运用了组合的开合与围闭,体量的轻重、方位的纵横、空间的狭小与开阔形成了有序的节奏与韵律。

图 2.5　北京故宫

桥梁结构的节奏与韵律审美法则主要体现在,设计时将各部件进行组合搭配,轻盈、精致,如拱桥中拱肋抛物线、城市立交桥的花瓶墩等;同时,桥梁在结构上采用高低起伏、错落有致并具有层次感的设计,也会带来韵律感。桥梁选型合理,再冠以好的比例,其自身就已经具备了造型的韵律感。桥梁设计中常用的韵律手法有连续韵律和渐变韵律。连续韵律在桥梁建筑中是指一个或几个构件重复出现产生的有规律的韵律感。在拱桥中,多拱连续出现所形成的韵律感即为连续韵律。例如,日本三大名桥之一的锦带桥(图2.6),连续的木拱犹如流动的曲线,宛若美丽的长虹,其建造工法非常精妙,水中央四大石墩,和独特的木拱巧妙相连,其独特的创新性与合理的精妙结构让这座富有连续韵律的拱桥坚韧而强劲,波浪的柔软与之产生强烈的对比。桥梁与桥墩设计别具一格,拱部的构造创新性很强,力学的稳定性让人无可挑剔。

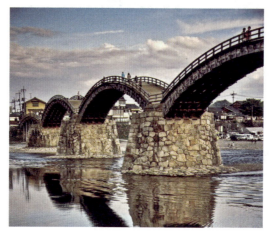

图2.6　日本锦带桥

渐变韵律在桥梁建设中指桥梁构件的长短、宽窄呈规律性的增减,给人以充满节奏的韵律感。例如,太原北中环桥方案(图2.7),最引人注目的要数其五环设计,它们紧密相连,拱形如一条巨龙在桥上,中跨径和矢高从中孔向边孔逐渐减小,从而产生一种渐变的韵律感。整座桥均汲取了众多美学元素,从比例、均衡、对称、连续等这些桥梁造型美法则上入手,将整个充满渐变韵律的抛物线拱组织在一起,使太原市提倡的"和谐共生"主题得到很好的彰显。

图2.7　太原北中环桥

起伏韵律较之渐变韵律的区别之处在于突出单一元素变化,使之起伏生动。太原北中环桥在体现渐变韵律的同时,也体现着起伏韵律这一审美形式。

交错韵律利用桥梁不同构件交错,穿插达到人们有节奏的韵律感受。位于桥面两边的拱肋交错出现,韵律感更强,例如,福斯湾悬臂钢桁架桥(图2.8)中的桁架倾斜交错布置,产生交错韵律感。

图2.8　福斯湾悬臂钢桁架桥

2.2.3　对比与调和

对比是指构成元素在色彩、造型、肌理等方面体现出并映射到人们视觉中的差异[32]。调和是整体中使共性的元素突出,达到协和统一舒适的视觉体验。建筑领域中将此形式美法运用得比较好的案例要数墨西哥著名建筑大师 Ricardo Legorreta、Lanrie Olin 及艺术顾问 Barbara Mocarren 设计的美国洛杉矶 Pershing 广场的改造工程[33]。整个广场分3个区域:南面是由空中穿插进一圆形水池的高架水渠,水流的动与广场的静形成一景;西面是紫色钟塔,此塔为整个广场至高处;北面是露天剧场,可容纳2 000人观演。通过3位大师精心改造后,广场给人最直观的感受是强烈对比空间的形成,大片互补色黄紫的运用,使其与都市呈断裂视觉之势,初看令人无法理解,但细细品来,却可从中领略其强烈对比后更为深层的调和效应。

广场中警察分部与饮食部色彩均为浅黄色,水渠与钟塔却着色为与之互为强烈对比效应的互补紫色,这种不合常理的强烈纯色对比,如此张扬地运用于城市广场中,似乎提醒着具有浓烈种族歧视的美国,应给予有色人种应有的尊重。在整个广场中唯一用到调和形式美法则的地方为地表用色,它与立面建筑的一些局部用色相呼应,达到极少调和与大面积对比的强烈反差,使整个广场营造着强烈的躁动与不安,同时也另类地表现出一种全新概念上的调和,即新环境与旧环境的碰撞关联,使人们对于城市内涵的渴求心理得到极大的满足(图2.9)。

桥梁设计时追求对比与调和,可使桥梁景观具有丰富和生动的特点,同时又可以突出桥梁部件,使风格达到统一。如坐落于日本的大阪港大桥(图2.10),桥身红色涂装,使整个海湾充满能量和气势。

桥梁的调和主要是指桥梁在整个色彩配色时,各个部件的色相为近似色,并与周边环境统一协调。例如,坐落于台北市的关渡桥,其拱圈构件呈抛物线有序地递减,红色涂装在青山绿水的衬映下格外醒目,与环境非常和谐。

图 2.9　美国洛杉矶 Pershing 广场

图 2.10　日本大阪港大桥

颜色无关美丑,主要在于色彩之间的搭配,桥梁在色彩对比与调和的运用上总体原则为大环境强调调和,桥梁结构之间形成对比,将调和与对比合理运用,达到调和与对比相互交融。同时,选定代表一定氛围和情感的主色调在桥梁美学中也至关重要。

桥梁色彩宜简、淡、浅,再用小面积的色块打破整体单调,并强化整个环境空间。如坐落于我国重庆市万州的长江二桥(图 2.11),缆索的柔与主梁的刚形成强烈对比,索的起伏与环境中的山体、岛屿、波浪形成自然统一的协调。

图 2.11　万州长江二桥

2.2.4 对称与均衡

对称与均衡的美感体验主要是人心理上的感受,这个形式美法则运用到建筑上主要是人们对建筑重心的内心体验,处于正中心位置的为静态对称平衡;反之,不处于中心位置,但总体设计又是稳定的,则为非静态对称平衡。静态对称平衡在建筑上的案例有坦比哀多教堂,它是由文艺复兴时期著名建筑师伯拉孟特设计。整座建筑形体稳健,穹顶饱满,围成一圈的柱子,使教堂体积感与层次感都很强,多种几何形体交错使用,使整座建筑造型丰富,稳定刚劲。

非静态对称平衡的案例在建筑上有巴西的议会大厦(图2.12)。议会参议院与众议院两会厅为两个长宽分别为240 m、80 m的扁平体,两边各放一个方向相反的碗状体,敞口朝上的大碗为众议院会议厅,寓意"广纳民意",敞口朝下的小碗为参议院会议厅,寓意"集中民意"。给人最直接的感受就如同碗和筷子组合,半球式的碗,一正一反地布置在两旁,并没有呈现完全对称的状态,但给人稳定平衡之感。

图2.12 巴西议会大厦

桥梁设计中,运用对称与均衡是常用的一种美学设计手法,对称分平移、旋转、镜面、体量及结晶对称,镜面对称通常体现在拱桥设计中,该对称方法通过水的倒影,联合人、桥、水,体现桥梁的美观感受(图2.13)。桥梁建成对称造型主要因为力学稳定的需求,同时由于地形的需要引起水平方向比例失调的延伸,也需用对称来改观人们的视觉效果。

图2.13 拱桥的对称美

对称设计中还有一种对称方式为平移对称,在姊妹桥中经常运用,如东水门与千厮门这对姊妹桥,在其造型中体现了中国传统文化中"同"的美感,同时桥塔数量的增减又使其有平移效果。

桥梁的对称会给人带来稳重均衡之感,但非对称结构在桥梁美学中也经常运用,这种形式会使桥梁结构不再显得呆板单调,而是充满张力与灵动,使整个桥梁充满活力,例如拱桥的高低拱肋,悬索、斜拉桥的高低塔等。在桥梁设计上采用非对称形式设计大多是为了桥梁的美观而采用的艺术造型。

2.3 桥梁工程中的技术美

2.3.1 桥梁工程中的力学原理

人们对物体的力学美研究由来已久,主要源于长期的生活经验迫使人们必须建造稳定的建筑结构,从而使人们心理产生安全感。工业革命以来,科学技术越来越进步,人类开始探究建筑空间结构的安全合理性和艺术性,究其根本就是探究空间受力与美观的关系。例如,古埃及金字塔正是因为受力达到一种均衡,才有如此震撼人心的美。在埃及沙漠中,金字塔建筑群正三角形的几何中心与正方锥体的重心形成稳定和谐的视觉美感,金字塔建筑群体量、距离与体积之间也形成一种统一和谐之美。

离开力学原则单纯去研究桥梁造型美是无法成立的,桥梁造型在遵守力学原理的同时,还需考虑桥梁结构给人带来的审美体验。例如,桥主梁为闭口箱梁设计时,箱梁的翼缘板在一定界限出挑,给人带来轻盈美观的效果。但在设计过程中如果破坏了视觉平衡,超出了力学所能承载的范围,不仅达不到视觉平衡的美观感受,还会破坏桥梁施工的安全性。不过在受力合理范围内,桥梁在设计过程中产生了不对称及不平衡的效果,同时也产生了视觉的动感,桥梁被赋予更多的生动性和变化感。现如今在桥梁设计中,很多桥梁采用不对称结构造型,使桥梁设计进行艺术创造有了更多的可能。

城市桥梁在进行艺术创造过程中,所受制约因素很多,不仅要考虑地形路网因素,还要考虑与城市整体景观相协调,从经济美观角度出发,很多桥梁为顺应城市景观需要,也会设计成特殊桥梁造型。例如,天津海河赤峰桥(图2.14),跨径布置134 m+50 m+41 m,宽39.5 m,其主塔倾斜60°,不仅要承受自重,还需承载桥面传递的荷载,这均需要巨大背索支撑力才能使其受力达到平衡。设计师巧妙将锚碇做成船形餐厅样式,再将背索锚固定在之上,使整个受力达到均衡,整个方案寓意"海河之舟"。在桥梁设计中融入建筑元素,桥型设计与建筑结构相融合,整座桥梁设计实现了经济、景观与力学的完美结合。

赤峰桥用单桥侧独塔斜拉弯桥结构,兼具斜拉桥、弯桥、斜塔的特性,其受力上,船型锚碇不仅作为压重参与结构受力,还具备景观功能,非对称的造型使桥梁有了更为灵活的动感。其简化的力学模式如图2.15所示。

图 2.14　天津海河赤峰桥"海河之舟"方案

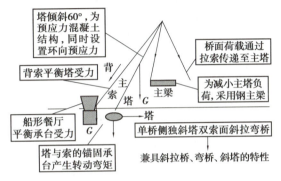

图 2.15　天津海河赤峰桥简化力学模式

以上案例说明,力学为造型的基础,任何离开力学的空谈造型之美是不成立的。当设计一座桥梁想要表现造型之美前,首先要通过力学原理解决其结构的合理性,因而力学美就有了载体,也可以说是技术美的彰显。

20世纪70年代末,我国进入了大跨度桥梁建设的发展期,其中,发展最为迅速的则是斜拉桥。在桥梁悬臂材料上,由预应力混凝土替代钢材,使我国大跨径桥梁技术得到新的发展。

然而,稳定性是所有建筑都必须考虑的最重要因素之一,而力学原理又是建筑构造的根基。

1)拱桥

拱桥的受力原理是把竖直向下的力在桥身内力作用下转变为横向的力,并作用于两边的基体,即将荷载发生的弯曲力矩在水平推力的影响下转化成压应力。拱桥可以设计大跨度桥梁,因为桥梁的外荷载所生弯矩会因拱的构造消减。不过因荷载的变异性会使拱截面产生弯矩,影响跨度的大小。另外,像混凝土、砖石等廉价建筑材料,也可用于拱结构。

2)斜拉桥

斜拉桥为众多拉索对主梁直接受力,将其固定在桥塔上的组合受力模式。具体为拉索承受拉力,主梁承载弯矩,桥塔承受压力,其中拉索与主梁承受力,再经拉索传力给索塔。拉索拉起主梁,如同增加众多支撑点给主梁,可使梁内弯矩减小,使主梁高度降低而达到节约建材的目的。斜拉桥对风载、地震等自然灾害均有抵抗作用。

3) 连续刚构桥

连续刚构桥的受力方法是将墩顶用悬臂法固结于桥梁上[34]。其优点是可以使桥墩耗材变少,并在支座养护上减少许多工作量。在受力方面,上部结构受混凝土材料温度等因素的变化引起的收缩、徐变,弹塑性变形,加上桥墩的受力,上部结构受力特点也会受到影响。连续刚构桥具有以下各项受力特点:

①连续刚构桥在弯扭耦合作用下,截面拉应力较直梁桥要大,因而在扭矩作用下,扭转变形会使其竖向挠度较同跨径直桥大。

②内梁和外梁受力不均。曲线梁桥中存在较大的扭矩,使外梁超载、内梁卸载,在宽桥情况,内、外梁的差异更大。

③墩台受力复杂。如离心力、径向力以及制动力等。

④在曲线梁桥中,其构件中横梁刚度较大,也是保持桥梁稳定的重要部件。

⑤在计算曲线梁桥支座反力时,还要计算预应力效应。

除此之外,曲线梁桥还需考虑圆心角、曲率半径之比等。

4) 悬索桥

悬索桥较其他桥型桥梁的优势在于,它可以在运用较少材料的基础上,达到大路径目的。悬索桥造型灵活,在水流较深或较急的河面也可以建造,适合强风强震地区。截面设计上不用因跨度的增加而增加;构件设计上,主缆受力合理,塔与锚碇承载力也相对容易。悬索桥在车辆荷载下易震动,悬索在活载作用下可灵活变形。

2.3.2 桥梁工程中的力学美体现

1) 力学美在桥梁主梁纵向线形上的体现

力学合理的桥梁美感也同样并存,如简支梁桥桥型朴实,其形态特征体现为梁底水平线的刚劲简洁,桥梁跨度较小,因而沿桥跨纵向上,截面内弯矩变化不大,可做成等高度的结构形式。水平方向上,整个桥型的动感与穿越性体现在左右伸展的受力上,桥面的延续使桥梁连续节奏上的美感得到增强。

根据上述梁桥力学原理,活载与恒载作用于连续刚构桥和大跨径连续梁桥后,桥梁位于桥跨中的弯矩在支点负弯矩的卸载作用下明显减小,为使主梁受力合理,节约经济,需在支点处使梁加高,并减小跨中附近区的梁高。

桥梁梁底线条为呼应梁顶面直线形式,可采用圆弧线、抛物线或折线等形成曲线,在视觉上给人抒情、优美的感受,同时,当主梁为多跨梁时,梁底曲线与桥下扁拱形空间以及水(地)平面形成一种有序的变化,给人以飞跃的韵律美(图2.16)。

拱桥(图2.17)力学与美学并存也具备合理性,曲线结构在竖向力的影响下,拱脚处产生水平推力,水平推力产生的轴向压力使拱圈截面弯矩减小很多。拱桥的力学美体现在有结构的主拱上,因材料性能使其抗压强度增大,达到跨越度更强、更轻盈的效果,使分布在其截面上的应力更加均匀。为了加大桥梁跨越能力,可以在主拱上加腹拱,增强桥梁的泄洪能力,减轻洪水对桥梁的冲击,也使拱桥看起来更美观。

图 2.16　变高度梁桥的纵向线型

图 2.17　拱桥的力学美

2) 力学美在桥梁主梁横断面形式上的体现

现今大跨径桥梁截面采用的类型大多为三角形箱型、斜腹板箱型和梁底流线型箱型。这几种截面形式在视觉上给人以柔美轻盈的感受,不同于以往普通竖直腹板箱型,截面因棱边的出现,在一定程度上破坏了其视觉感受。从力学角度来看,截面运用流线型造型,其对风荷载的阻力会得到有效控制,在抗风稳定性上也得到有效提升。

3) 力学美在桥梁桥墩结构形式上的体现

桥梁桥墩的造型种类众多,为了使整座桥梁体态显得轻盈,桥墩群呈现韵律感和节奏感,常用框架式轻型桥墩。主要代表桥墩型有 X、Y、V、A 和 H 等几种常见形态。

从力学上说,X 与 V 形桥墩等于为主梁争取了相邻两排支承,与相同跨径的一般结构桥墩相比,主梁计算和跨径的计算得到缩短,位于桥墩顶部的主梁承受的负弯矩得到削减。在此基础上,主梁的设计可降低其高度,使其造型更加轻盈。

4) 力学美在桥梁其他结构形式上的体现

力学美在桥梁其他结构形式也有体现,如斜拉桥的拉索和索塔。当前斜拉桥大多采用密索系,即拉索面内有密集排列的多根拉索,其形状呈扇面、竖琴辐射出去(图 2.18)。这些拉索有着强烈的动感和节奏韵律,远观如薄纱,与主梁和索塔一刚一柔,形成鲜明对比,为桥梁增添了更多人文气息和时代魅力。

图 2.18 斜拉桥扇形索面

从力学原理分析,斜拉桥密集的拉索是整座桥梁的受力关键,如同对斜拉桥主梁设立了很多纵向弹性支承点,在很大程度上降低了主梁内弯矩数值,从而在设计桥梁时可减小主梁尺寸,使整座桥梁自重减轻,增加了桥梁的跨越能力。另外,拉索对称布置在索塔两侧,它所产生的水平分力可对主梁产生预压力,从而增强桥梁抗裂性能。

从以上分析可得出,一个受力合理的桥梁本来就具有一种美,结构中各个部件相互作用,构成了美学的基本元素。可以说,美学与力学是相辅相成、协调一致的。

5) 力学与美学相矛盾时的措施

当然,不是每一座桥梁力学与美学都能保持一致,如图 2.19 所示是一座桁架拱桥,力学上桁架和拱受力均合理,在抗风上也有其结构的优越性。从美学角度来看,上下杆受力使水平方向造成延伸的动势,腹杆重复布置形成有规律的节奏感。不过,因为桁杆组合的方向与尺寸不同,从斜方向角度来看视觉非常凌乱,空间效果也不美观,给人错综复杂的感觉。

图 2.20 是某城市的一座拱桥。为突出结构上的新颖感,该桥设置了三道拱肋。中间拱肋为桥梁重要受力构件,但拱脚处因传力不顺畅,无法用较短路径将主拱内力传给基础,桥墩受力也较为复杂,因而加大了施工与设计过程中的难度,整个桥梁受力与结构都过于繁杂,有哗众取宠之感。

图2.19　某桁架拱桥

图2.20　某拱桥的立体效果

如何解决力学与美学的冲突,可以从以下几方面思考:

(1)使结构受力合理

设计者在进行桥梁结构设计时,在完成其承载功能的同时,还要强调力线美。

一个受力合理的结构,其传力路径越直接,所耗费的材料也越少,所以设计时要用最短的传力路径来组织各个构件。任何桥梁建筑的设计都要以结构和功能为前提,需要在确定结构设计和施工简单合理后再来强调美观,只有保证桥梁构件受力合理后,才可以去考虑桥梁建筑的美观功能。桥梁结构在强调其力线美时,要求设计者准确把握桥梁结构的受力关键点及传力路线,充分了解结构受力及传力特征,再加上设计者的创意思维,进行美学设计。

(2)建立桥梁美学评价体系和参考标准

目前人们越来越重视桥梁美,众多结构新颖、造型美观的桥梁也相继出现在城市中,如何判断桥梁的美观性,建立合理的桥梁美学评价体系是当务之急。

什么样的桥梁是美的?首先,受力合理的桥梁结构形状是美的根本。其次,为体现桥梁与周围环境的协调美,时代与地点不同,其标准也不一样,因此对于桥梁的美学标准的判定是相对的。

(3)在力学基础上进行美学设计

近年来,随着经济水平的提高,交通事业迅猛发展,较之以往桥梁设计人员重功能、经济、实用、安全一面,现在的桥梁设计师要求有更高的审美修养,使桥梁具有更多的风格和生命力,这就需要桥梁设计师具备系统的美学知识,在实践中不断创新和思考,不拘传统,创造出更多新颖美观的桥梁。

图2.21是桥梁设计师林同炎设计的一座名为RuckA-Chucky的曲线斜拉桥。桥梁结构设计独特新颖,在深谷急流上空旋转,充满魅力与神奇,拉索利用两岸天然山体固定,与环境浑然天成,整个设计巧夺天工,堪称力学与美学的完美体现。

图2.21 RuckA-Chucky 桥

(4)新材料、新工艺和新施工方法的推广

新材料和新工艺可使桥梁结构设计在受力合理范围内有更优越的造型空间,再加上新的施工方法,使桥梁建设成本降低,施工与设计环节选择性更多,桥梁造型设计更为轻巧灵便。因此,大力推广新材料、新工艺和新施工方法为实现桥梁力学美与造型美更完美的结合提供了可能。

2.3.3 嘉悦大桥的力学美分析

力学原理是建筑构造的根基,比萨斜塔虽看似抚之既倾,空中花园犹如浮于云端,但从力学的角度来看,它们都是稳定的结构。在进行桥梁的美学设计过程中,建筑美学的知识自然是必不可少的,扎实的力学知识更是不可或缺。在受力合理的前提下,唯有将力与美有机结合,桥梁的艺术美才能自然地展现出来。

下面以重庆嘉悦大桥为例来具体分析它的力学之美。

重庆市"十二五"交通规划中,规划了"五横、六纵、一环、七联络"共计约600 km快速路,嘉悦大桥是其中"一横线"的重要组成部分。为使大桥建设与两端道路建设匹配,并满足近期交通需求,嘉悦大桥设计需遵循以下设计原则:

1)"适用、经济、安全、美观"原则,定选相宜的桥梁结构

为满足此原则,本方案主桥结构选用单幅双索面矮塔混凝土斜拉桥,塔梁固结,引桥为连续箱梁桥,主桥与引桥之间设置伸缩缝。

（1）主塔

主塔外观呈 Y 形,塔高约 130 m,其中桥面以上 33 m;主塔横向分左右两肢,依靠横梁相连,并于桥面以下约 35 m 处向上外倾;塔底横向 24 m,纵向 6 m,塔顶每肢横向 4.3 m,纵向6 m,均为箱形结构形式。考虑景观效果,墩外侧作细节处理。边墩为与主墩相协调,采用双柱式墩,顶部向上外倾,并采用与主墩相类似的细节处理。

Y 形主塔的构想,似张开的双臂,具有无穷的力量;有似胜利者的姿态,傲然屹立,雄伟挺拔;同时在桥面上行车更具开阔的视野,使人心旷神怡;Y 形主塔的下收,更节省了基础的工程量,降低了工程造价。边墩与桥面以下的主墩结构形式极为相似,体现了全桥的整体连续性;箱梁的流线变高与刚劲的外形相结合,Y 形主墩的流线外形与棱角分明的截面相结合,使整体充满了现代气息,给人欣欣向荣的感觉(图 2.22—图 2.24)。

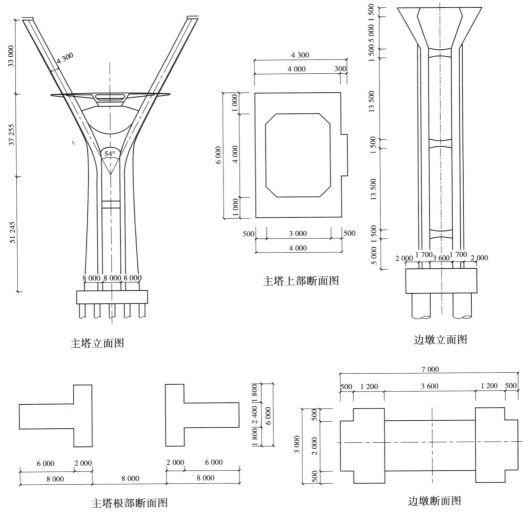

图 2.22　嘉悦大桥主塔结构

图 2.23　主塔处理效果

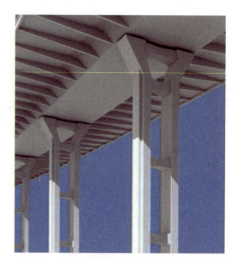
图 2.24　边墩处理效果

（2）主梁

主梁采用大悬臂变截面混凝土箱梁,单幅单箱单室,梁高由塔梁固结处的 6 m 在 30.5 m 范围内抛物线变化到 4.0 m,其余段梁高统一为 4.0 m;标准梁段顶板厚 0.32 m,外悬臂长约 11 m,肋板高约 2.4 m,厚 0.4 m,底板 0.3 m,腹板 0.4 m;引桥采用 2.5 m 梁高,同时外侧悬臂部分与主桥保持一致。箱梁箱内及外侧每隔 5 m 在相同位置分别设置隔板及肋板;并在索区肋板处设锚块,便于斜拉索的锚固(图 2.25)。

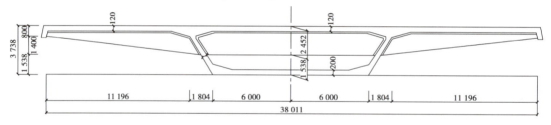
图 2.25　标准箱梁断面图

（3）斜拉索

斜拉索采用 Φ7 镀锌钢丝束,同时运用钢丝强度 $R_y = 1\ 670$ MPa,外侧应景观要求采用相应色彩的双层 PE 护套,斜拉索采用扇形布置,索面在主梁上顺桥向标准间距是 5.0 m,在主塔上的索距为 1.0 m。

本方案结构新颖,目前在主城区两江上建成及正在修建的共 20 余座特大型桥梁中主要桥型为连续刚构桥和斜拉桥,其中的斜拉桥均为高塔斜拉桥,本方案的采用给两江又新添一种桥型。

2）满足通航与泄洪功能,在使用年限内便于检修的原则

据业主所发通航论证意见,即关于河岸东侧靠近江面的桥墩中心线的地面高程不低于 180 m,桥梁主跨所必要的跨径为 250 m,这样才能满足航道部门的通航净空要求。依据上述要求,我们把嘉悦大桥主跨东侧桥墩中心线的地面高程定位为 180 m,相应的桥梁主跨调整为 250 m。能满足跨度要求的桥型有斜拉桥、连续刚构及拱桥等。拱桥在造价与施工周期上不具优势,考虑到招标文件中的工期要求,在我们的方案论证阶段就已经排除。

3) 满足桥梁结构具有足够强度、刚度、稳定性和耐久性,桥梁施工工艺成熟,便于施工
　顺利开展原则

　　随着 1994 年第一座矮塔斜拉桥的建成,因其结构性能优越,经济指标良好,越来越受到各国青睐。目前,我国已建成众多矮塔斜拉桥,如芜湖长江大桥(跨径 312 m,钢桁梁)、惠青黄河公路大桥(跨径 220 m,砼箱梁)、太原西北环高速公路汾河桥(跨径 150 m,砼箱梁)等。这些案例显示,矮塔斜拉桥其施工与设计技术已趋于成熟。

　　本方案在施工上主要采用常规的挂篮悬臂施工,现浇梁段统一为 5 m,使得隔板相对于节段位置固定,便于挂篮的施工控制,减少了节块的块数,大大缩短了工期。同时,较薄的顶板设计大大降低了节块的自重,降低了工程造价,横隔板及肋板的设置也解决了箱梁的横向传力问题。主塔下塔柱采用常规的滑模施工,上塔柱两外倾的双肢采用平衡对拉施工。

　　嘉悦大桥在已有成熟技术的支撑下,将大悬臂下的肋板有序设置,横向箱梁与悬臂有着合适的比例,整个箱梁给人以刚劲有力的感觉,具有强烈的力量感。同时,斜拉索的设置降低了梁高,使得箱梁整体上给人以柔美的感觉,并且在大悬臂的映衬下,主梁好似展翅的大雁,排成一排,翱翔于嘉陵江之上,真正体现了力与美的完美结合(图 2.26)。

图 2.26　嘉悦大桥造型之美

　　除以上原则之外,嘉悦大桥在设计时还需在结构合理的前提下,遵循与重庆地域文化相匹配的原则,并与景观协调,体现"人性化"。

　　在施工条件允许的情况下,积极采用新结构、新工艺、新材料。桥型方案需考虑不宜占用过多滨江区用地等原则。

2.4　小结

　　本章主要研究了桥梁美学设计的理法与实践,从艺术美方向研究桥梁艺术造型的形式美法则,并结合建筑美学原理与案例,衍生出桥梁艺术造型形式美的具体运用;从技术美方向研究桥梁的力学美原理及方法,并通过对重庆嘉悦大桥的力学分析,总结出技术与艺术是组成桥梁美学理法的根本。

3 基于生态学的桥梁设计方法

传统方式的桥梁设计和建设所关注的着力点往往在功能性和投资效益上,但项目实施过程中,对其所在陆域及水域环境的影响却缺乏足够的关注和调查研究,从而导致部分桥梁的建设行为对其周围自然环境及生物多样性等造成严重的负面影响。

生态桥梁设计是在传统方式的桥梁设计的基础上实行新型结构设计,既考虑"以人为本",又要使桥梁生命周期中的资源得以保障,使其可以回收和重复利用,实现其可持续发展。基于可持续发展理念的深入贯彻,相关部门在桥梁工程建设中提出了全寿命周期设计的概念。所谓全寿命周期即包括规划、设计、施工、运营、拆除这五个阶段,其中综合经济效益相关的技术、方法是全寿命设计关注的焦点,不过目前还缺乏生态学相关的技术考量,于是探索工程学和生态学的融合方法,研究符合自然规律的生态工程技术,通过人工生态营造及自然生态修复,减少桥梁建设行为对自然生态的负面影响,将是桥梁工程设计环节的一个重要部分。

3.1 桥梁建设对生态环境的影响

桥梁作为自然环境中特殊存在的人工构筑物,其寿命周期的各个阶段均与自然环境发生着联系,并影响着自然环境中所承载的陆域及水域生物资源,主要表现在对自然资源的破坏和环境污染两个方面。

在自然资源破坏方面,桥梁建设需要占用土地,基础开挖及桥头引道施工导致地质环境发生改变并引发水土流失,在河道中布置墩台、压缩河流断面改变了河流的水文形势,桥址区环境的人为改造导致生态失衡和自然资源破坏。

在环境污染方面,主要包括大气环境、声环境、水体环境等。桥梁建设期的施工扬尘,桥梁运营期的汽车尾气排放所产生的悬浮微粒、铅尘、一氧化碳、氮氧化物、碳氢化合物、二氧化硫等,均为大气污染物的主要来源。建设施工中各种施工机械产生的噪声和振动,运营期桥面上机动车加速、机件运转及车体颠簸等造成的噪声和振动、喇叭声、刹车声和轮胎与路面的摩擦声等,均构成了对周围声环境的污染。在水体环境方面,建设期水土流失的土壤在水体内沉淀、生活污水及油污排入水体,运营期有毒有害物质洒落桥面后随地表径流进入水体,均构成了水体环境的污染。

3.1.1 水土流失

桥梁工程建设一般分为建设施工期和运营期,施工期往往是水土流失的主要时期,一般体现在桥梁施工时土石方开挖、土石方填筑过程中,在大风与大雨时易产生各种程度的水力与风力侵蚀。而项目到了运营期,在施工期间因人为与自然因素导致的水土流失会随着人们进行水土保持工作逐渐变少。

桥梁建设造成水土流失的原因一般可分为自然因素和人为因素。其中自然因素包括土壤、地形、地貌、气候、植被等,例如在地形陡峭的山区进行桥梁建设,土石方开挖对土壤的破坏、雨季大量的降水对地表冲刷,均可形成大量的水土流失。人为因素有采石取土、基础开挖、机械碾压、运输、弃渣的运输、修路清基、砂石料等。

除自然因素外,在工程建设过程中造成水土流失的因素还包括:

①桥梁项目施工对原有地貌形成侵扰,使地表和植物遭受破坏,特别是在冻土地带,地下水热交换平衡对地表土壤及植被影响颇大,将造成融冻泥流、冻胀之类的地质灾害,加剧水土流失。

②桥梁建设时,不合理地处理临时堆料和弃渣,并在运输过程中使这些弃渣和废料造成遗落,使水土流失量增加。

③项目工程进行开挖时使填筑和开挖面形成边坡,受雨水侵蚀与冲刷,使水土流失量加剧。例如,大亚湾龙海三路坪山河大桥(图3.1),施工阶段铲除地表植被,使地表土壤保护层被破坏;桥基的开挖、路基填筑以及清淤换填,又使原有土壤结构受到破坏,降低了其抗蚀能力;同时造成地表裸露,土壤形成断面,径流汇水系统发生改变。另外,大桥项目区降雨强度大,易使土壤被溅蚀,地表发生径流,易引发沟蚀和面蚀;水力侵蚀成为该项目主要的水土流失原因,其强度为强烈至极强烈。

图 3.1　大亚湾龙海三路坪山河大桥水土流失

3.1.2 空气污染

桥梁工程施工中,材料运输工具大多为汽车,汽车行驶过程中尾气对空气造成的污染、道路上形成的扬尘以及散落的灰、土等,均为桥梁施工对环境空气的污染来源。另外,破桩头混凝土、露天堆料、拌料、便道施工和便道养护不到位等,也是桥梁施工对周边环境产生的污染。众多的粉尘使周边绿色植物的光合作用受阻,导致大量绿色植物死亡。汽车尾气、粉尘中的有害气体如一氧化碳、二氧化氮等,施工人员和附近的居民直接吸入后会产生头晕、恶心、上呼吸道感染、头痛、失眠、腹泻、神经炎等疾病,甚至会导致肝功能异常、肺部感染等更为严重的疾病。例如,某黄河公路大桥在施工作业时,扬尘、沥青烟气、运输汽车尾气以及加热炉烟气,均对工程周边环境空气产生了污染,而这些污染中扬尘与沥青烟气最为严重(图3.2)。当地隶属干旱区域,降水稀少,加上石灰、水泥等建筑材料在运输过程中遮盖不严,导致本项目扬尘污染严重。扬尘量主要与车速、风速、积尘量、载质量和路面积尘湿度等因素有关。

图3.2 某黄河公路大桥大气污染俯视

3.1.3 噪声及振动污染

桥梁施工过程中会运用到很多大型运输及挖掘机械,所产生的噪声主要具有以下特点:

①施工所用工具种类众多,不同施工时段使用不同施工设备,相同施工时段也会使用不同施工设备。

②每个施工工具噪声源特性不同,主要呈现脉冲性、突发性及震动性等特点,且有些施工工具所发噪声频率低沉,不产生衰减,使人情绪烦躁不安。

③桥梁施工时所产生的噪声源分固定与流动两种,施工机械设备一般置于室外,属流动噪声源,比固定噪声源污染范围大,可控范围小(图3.3)。

图3.3 桥梁施工机械噪声污染

桥梁施工噪声因不同设备的使用,其产生的影响不同,且昼夜影响范围也各不相同。一般情况下,夜间施工所产生的噪声远远大于昼间施工(图3.4),白天影响范围大约是130 m,夜晚影响范围大约是210 m。桥梁施工打桩时影响较远,昼间在126 m处才能达标,夜间严禁打桩。桥梁工程项目实施过程对周边居住区及学校均有一定搅扰。

图3.4　桥梁施工夜间噪声污染

桥梁施工噪声是产生社会有利效益的短期污染行为,居民在一定程度上可以理解,但桥梁建设单位需要采取一定的措施使这些噪声得到控制,使其对周边居民的干扰程度达到最低。施工期间噪声强度大、频率变化杂乱无章,会造成施工人员听力损害、情绪异常。

噪声和振动不仅会对人类造成影响,而且会对动物造成一定危害。施工及运营期的噪声和振动干扰了动物在桥梁附近的栖息和活动,迫使部分敏感的种群向远处迁移,对夜间觅食动物造成干扰和生理紊乱。另外,河道中设置桥墩,压缩了河道,导致河流水文情势发生变化,桥梁建设占用了坡地、河岸、滩涂等原有的生物栖息地,地表的植被遭受损失或损坏,这些均导致河流中水生物的栖息地环境被破坏,造成鸟类绝迹、牲畜烦躁不安。

3.1.4　水体环境污染

桥梁施工对水环境的影响主要是在施工过程中产生的泥渣污水、施工队人员的生活污水以及施工机械产生的含油污水。桥梁建设过程中所产生的废弃材料、油料、泥浆及生活废水均是水体环境污染的主要来源(图3.5)。施工过程中,对前桥与后桥进行钻孔作业,常常因护孔所设立泥浆池的排水位置不当,使清孔排出的渣土在清运中遗落,从而导致水质浑浊。在项目施工时,随意排放机械设备上的含油污水、桥梁修建过程中流失的土壤,均会沉淀在下游河流中,对水生生物繁殖之处产生覆盖,从而破坏水生生物的生存环境。

运营期在桥上行驶的交通工具所产生的汽车尾气、扬尘、防冻剂、路面滴油以及运输中洒落的肥料、重金属、杀虫剂等,随桥面径流进入河流形成污染。这些污染物附着在沉积物上,使水质变差,并使水体生物的生长、繁殖、光合作用等受到阻碍。另外,桥面防冰盐中浓度很高的氯离子和钠离子,对水体及水生物也会造成重度污染。

桥梁建设使人类更易进入野生动植物生存场所,从而对它们产生惊扰,驶入野生动物生存区的车辆可能会撞到引道两侧迁徙的野生动物,导致它们死亡。

当桥梁建设这一人为因素改变与破坏了原有承载动植物繁衍栖息、演化发展的自然环境时,桥位区生态系统的结构与功能失调,生态系统的平衡即被打破,恶化的环境系统不再

图 3.5　桥梁施工水体污染

能够承载原有的生命系统。生物生存环境发生变化,有可能导致一些生物消失。

3.2　基于生态学的桥梁设计方法

3.2.1　生态工程设计

随着人们对生态环境的重视,生态设计已成为桥梁工程师必须设计的内容。保护生态环境、与自然和谐相处是桥梁工程师进行生态设计的技术措施(图3.6)。在桥梁建设与运营阶段,其功能作用与生态平衡共同发展已是当前重要目标。工程建设行为是人类改造自然的行为,工程项目建设不可避免地改变了其所在场地的自然环境,从而影响环境所承载的自然生态系统。

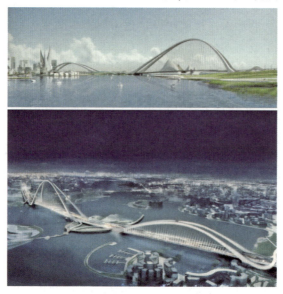

图 3.6　绿色概念桥

谈到生态工程设计,我们还要将它区别于生态规划。生态规划是在生态学原理指导下,通过分析生态适宜性,将自然和谐作为标准,寻求社会发展中与资源经济相适应的方式,即社会生态系统与社会经济、自然环境整体协调,使整个生态系统结构具备整体有序性和系统功能综合效应;生态工程设计,就是为使社会拥有良好生态效益和环境,将人类建设、生产活动,结合生态与工程学原则和方法,进行有效的技术设计。作为城市的生态工程设计,需在人类的主观调控下,充分发挥利用自然界的自身协调能力,设计成人工生态系统,其特点如下:

①人工生态系统是指按人类意愿,结合社会自然规律,遵从自然生态系统的基本规律所实行的行为,具有人文体现特点。

②人工生态需忽略自然复杂性,因其缺乏自我调控机制,具有脆弱和不稳定的特点。

③人工生态系统构建需将生态学原理作为指导原则,否则会出现负面效应。

④不可夸大人工生态系统作用,只为生态与经济平衡起协调作用,与自然生态平衡相辅相成。

设计人工生态系统,是通过研究适应环境的手段和适应的方式,达到内部环境适应外部环境的目标。

人工生态系统设计步骤如下:

①首先,根据所设计的系统,提出组成人工生态系统的要素,研究各要素间的相互关系。其次,通过调查和收集资料,构建系统的组成要素,使目标系统结构具有层次性,并转成功能需求。最后,与人工设计相比看是否达标。

②通过层次结构研究,厘清系统内各要素的层级关系及影响程度等级序列,筛选出人工设计时的重点要素。

③根据社会、经济、生态不同方面的需求构建系统的整体目标,通过建立数学模型进行系统优化,实现从定性到定量的目标要求管理。

④工程设计的生态管理。

根据不同社会、经济和自然资源条件,生态工程设计的实施途径可以有很多种。鉴于生态系统具有自组织和自设计的特点,构建的人工生态环境不一定能够与周围环境融合发展,因而需要对人工生态系统进行持续的检测与评价,根据反馈情况不断调整,以达到生态设计目标。

3.2.2 桥梁进行生态设计过程中的误区

1) 将生态景观设计作为生态设计的主要因素

在对桥梁进行生态设计时,经常会错误地将桥梁景观作为生态设计的重要因素,实际上它们之间的内涵是不同的。桥梁景观学是从桥梁美学中延伸出来的,它是基于桥梁结构设计美观的基础上营造景观协调感,并反映当地人文特质。生态设计是保护营造,使各类物种得到应有的尊重,将对资源的占有降到最低,维护动植物的生活环境,进行与之对应的生态化设计。例如,我国青藏铁路线为了保护野生动物,专门采用了高架桥梁的形式,给野生动物预留了迁徙通道。

不过,桥梁景观设计和生态设计并不完全是对立的,在满足桥梁功能性和生态需求的基础上,桥梁生态设计能兼顾景观营造效果也是非常理想的,做到视觉美观与自然环境相得益彰就是最为理想的。

2)将桥梁绿化等同于生态化设计过于草率

桥梁的绿化设计可以过滤粉尘,减少噪声,美化周围环境,对生态环境的改善意义重大。生态设计的重要环节之一便是绿化,但将绿化与生态化设计等同起来是简化了生态设计。究其原因主要是因为桥梁绿化是桥侧与桥下的绿化,这两项可直接把生态环境受桥梁的影响降至最低,虽然桥侧绿化可降低汽车噪声与灯光对动物的干扰,桥下绿化可让动物利用桥下生态廊道,并使动物对桥梁产生的恐惧与胁迫感降低,但桥上绿化因其面积规模不大,所产生的生态环保作用也就不大,特别是在北方的冬季,基本上没有任何生态作用。不过可以美化桥梁景观,并能缓解驾驶员的驾驶疲劳(图3.7)。

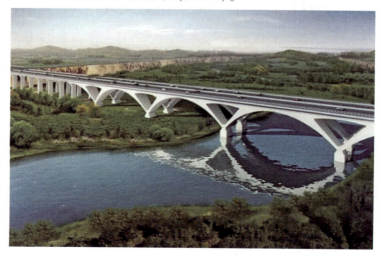

图3.7 桥梁绿化设计

3)认为桥梁的生态化设计成本高昂

出于保护生态系统平衡的考虑,实现桥梁的可持续发展,在桥梁设计过程中需要采用合理的设计方案,并采取相应的技术措施。此类措施会不可避免地提高桥梁总造价,然而其所增加的额度并非工程上所无法接受的。

通常来说,人们会误认为桥梁的生态化设计成本高昂,主要原因有两点:一是没有正确理解何为生态化设计,将景观需求与生态要求相混淆,认为二者并无区别。出于景观上的要求,桥梁设计时运用结构受力均不合理但附着很多景观饰物使外形美观的设计方案,无疑提高了桥梁的建造成本。二是对生态化设计了解不全面,片面地认为生态设计即绿化,而在桥面上的大面积绿化也会相应提高桥梁费用。由于绿化时所需支架、植被等均有自身重量,因此会有额外荷载作用于桥梁结构,导致桥梁建材量或质的增加。另外,桥梁上的空间有限,环境恶劣,绿化难度高,需要采取高效的人工灌溉系统和更为精细的养护措施,此类举措自然会导致设备和人工费用的增加。正是这些与生态化设计无太大关系的误解,导致人们误以为桥梁的生态化设计成本高昂。

综合国内外生态化设计经验,大多因生态化设计所产生的费用是可以接受的。例如,在桥下水流中设置阻水混凝土条形基础或梯形专用水渠,以帮助鱼类洄游(图3.8),这些设备耗材不大,造型简单,费用不高。另外,生态桥的建造规模较小,如加拿大亚伯达省班夫的生物通道建于国家公园内(图3.9),宽度只有3 m;青藏公路上的一座圆涵;澳大利亚圣诞岛国家公园中的一座专为红蟹迁徙而设的公路天桥(图3.10)。这类构筑物甚至仅能称为涵洞,与解决实际问题相比,其产生的建设费用是可以接受的。

图3.8　鱼类洄游渠

图3.9　加拿大国家公园的生物通道

图3.10　澳大利亚红蟹迁徙的公路天桥

4）将桥梁耐久性分离于生态设计

很多桥梁行内人士认同桥梁建筑其使用功能与耐久结实的重要性，但实际上，桥梁耐久性不可从生态设计中分离，主要体现在以下几点：

①主要结构的耐久性对生态环境的影响。如果受制于耐久性不足，在使用过程中必然要对桥梁加固维修。在桥梁养护上，必然会破坏桥梁周边自然环境，对野外动植物的正常活动也会产生一定影响，同时桥下的维修工作也会影响生物廊道功能。

②桥梁附属构件的耐久性对生态环境的影响。大多数人在进行桥梁生态设计时对桥梁耐久性设计不够，比如排水管和伸缩缝等，一旦出现破损就会导致污水流入河流，对水生物造成污染。

③生态设施的耐久性对生态环境的影响。生态设施是为了满足生物的各项需要而专门设置的，如果设施耐久性不足发生损坏，会极大地影响所服务的生物群体，甚至引起生态问题。

因此，耐久性设计是桥梁生态化设计的一项重要内容，应当在设计之初便加以考虑，将桥梁工程对生态平衡和环境的不利影响降至最低，以达到事半功倍的效果。

3.2.3 基于全寿命的桥梁生态设计方法

我国路桥部门前期实践中广泛采用的环境评价工作，重点一般集中在公路桥梁建设期及运营期，对桥梁建筑材料及耐久性、动植物及生态保护、土壤污染等方面缺少足够的重视和研究。

桥梁的寿命周期包括规划、设计、施工、运营、拆除这5个主要阶段，为了实现最佳的生态保护，生态保护的思想和方法需要在桥梁的全寿命周期内得到贯彻和执行。

1）规划阶段

（1）环境及生态调查

桥梁为道路中的节点工程，桥梁的走向及技术标准一般服从其所在的路线设计。桥梁的环境及生态调查，应包括桥梁建设及运营过程中的地貌变化、水土流失、环境污染等可能造成环境破坏、改变、扰动的陆地区域及河流流域。重点应调查地质灾害易发区、生态环境敏感区、自然保护区生态脆弱区以及桥梁所跨越河流的湿地、河口、海湾、滩涂、水生物产卵地、繁殖场等。通过调查了解桥梁附近区域的生态环境和动植物现状，可以掌握桥梁生态影响区内各种生物状况，为进一步开展桥梁建设行为的生态影响评价及生态预测分析奠定基础。有利于建桥行为的环境生态相容性评价工作的开展，以及设计阶段生态保护、修复方案的研究。

（2）桥位选择及桥跨布置方案

桥位方案选择时，应尽量避开地质灾害易发区、生态敏感区、自然保护区等。从对环境生态影响最小的角度出发，对水体湿地、动植物群落等生态敏感区，应尽量回避，以免因人为开发行为对生态产生负面影响。另外，桥位宜选在流量集中稳定、河道顺直的河段上，其大桥轴线方向与水流呈正交状态。在条件允许的情况下应尽量减短引道路堤长度，加大跨度以减少桥梁对河道的压缩及侵占，尽量避免设置容易对生态环境造成影响和破坏的调治构造物（图3.11）。

图 3.11　桥梁端头的生态湿地公园

　　桥跨布置方案阶段,以前的设计多基于工程投资考虑,通过修建较长的桥头引道以减短桥梁的修建长度。从生态环境影响的角度考虑,桥梁两端区域多半是生物资源丰富的湿地、滩涂、坡地等,这里是陆地动物和两栖类动物的重要通道,桥梁引道的阻隔作用对桥头区生态环境的破坏作用巨大。为了保持桥下生物廊道的功能,不宜在河漫滩、滨水绿地部分修筑路堤,以减短桥梁长度。另外,桥跨较小或桥梁与水流非正交时运用斜桥正做方案,会使桥墩产生较大的阻水效应,不利于生态环境的保护。

　　在桥梁宽度方面,为满足高速增长的车流需要,桥梁也变得越来越宽,下部空间不能接收阳光照射的阴影区面积也就越来越大。这些都会造成桥下生物胁迫感强烈,基于此,西方国家提出再分离一块透气空间给生物廊道,采用宽度适度的分离式桥型布置方案。

2) 设计阶段

(1) 生态保护设计

　　在生态保护设计时,桥梁建设中应尽可能减少永久性占用土地的规模,降低临时用地的植被破坏程度,并在施工结束后及时修复;最大限度减少开挖、弃土等工程量,以降低水土流失规模以及原有地质环境的扰动程度,对生态敏感区尽可能绕避或减少影响程度;对运营期的各种污染,应采取技术措施控制污染的程度及规模。

　　具体到生态保护措施方面,根据环境及生态调查资料,对环境的承载力、生物的耐受性进行评估,根据评估结果针对河道、河漫滩、桥头坡地等制订水生物、动植物的具体保护方案和应急处理措施。在绿化设计时要考察原有场地情况,如构造物、景观、气候等,选择植物及配置形式,以便其有效地发挥生态功能。桥位区有国家保护的野生动物出没时,应设置预告、禁止鸣笛等标志。为了维护野生动物的正常繁衍,有必要加大桥梁跨度,为野生动物留出迁徙通道(图 3.12)。为了避免野生动物闯入公路造成伤亡,有必要在桥头引道处设置防护网,避免野生动物进入桥面。为了保持植物绿化的连续性,应考虑在桥头引道边坡、桥下空间采用地方性植物进行绿化,避免采用大范围硬化铺砌的处理方式。为了减少桥梁建设对河道内水生物生存环境的影响和破坏,应避免采用河床面铺砌硬化、修筑调治构造物、修建河岸挡墙等措施,基于生态学的设计手段保持河道、边坡的自然特性,营造有利于适宜生物生长及栖息的环境。为了防止运营期有毒有害物质泄露造成水体污染,有必要制订应急处理措施预案。

图 3.12　桥下野生动物迁徙空间

（2）建筑材料选择

选择耐久性材料和构件设计,会使废弃材料相对减少,从而减少对桥梁周边环境的污染。因此在桥梁设计过程中进行生态材料的选取,会在很大程度上节约桥梁运营费用,并使环境效益得到提高。在桥梁建设中,钢材和混凝土是当前两种主要的建筑材料。与钢材相比,混凝土具有初期价格较低、建成后维护少的优点,但缺点是材料强度低、用量大、报废拆除相对困难、材料回收利用价值不高。与混凝土相比,钢材的优点在于材料可以回收利用、拉压强度高、耐久性好、材料用量少、施工速度快,但缺点是建设的直接投资高、建成后养护费用高、材料生产过程能耗高。因此,从全寿命的角度来看,应根据桥梁的建设规模及环境保护要求,结合桥梁的耐久性、修复加固及拆除报废的难易程度、综合效益等,从多方面对建筑材料进行选择。

（3）桥型方案设计

以前的桥梁设计选型多基于桥梁的交通功能、景观美学、工程投资等角度展开,设计师较少关注桥梁的可拆性问题。桥梁拆除阶段对环境的破坏问题尤为突出,基于生态的桥梁方案设计,要求站在桥梁全寿命的角度考虑。因此,从生态保护和容易拆除的角度考虑,中小跨度桥梁应采用预制装配式结构的混凝土桥或钢桥,大跨度桥梁应采用钢桁架梁式桥或拱桥、钢主梁斜拉桥或悬索桥方案,中、大跨度桥梁不宜采用拆除施工难度大的现浇混凝土梁式桥、拱桥方案,因为混凝土桥在河道内爆破拆除时对生态环境的破坏和危害巨大。

具体到桥梁总体布置时,主要原则包括:桥梁总体长度尽量长,桥头引道不宜侵占原有河道及滩涂等;纵向布置上,河道内尽可能设桥墩,纵向分跨的跨径布置宜大不宜小;横向布置上,桥面宽度宜小不宜大,分离式桥梁的横向间距宜大不宜小;竖向布置上,桥下净空宜高不宜低。

（4）施工方案组织设计

在施工方案选择上,尽量选择装配式结构方案,通过制作标准化、规格化的预制构件,减少现场施工作业规模和作业时间。在施工组织上,应避免在生物繁殖季节等关键时期进行现场扰动较大的施工活动,应采用先进技术和先进工艺降低施工期对环境的破坏和影响程度,避免产生不必要的开挖和破坏地表植被,避免或减少选用产生严重噪声和振动污染的工程设备,在夜间少用大功率照明等。

3）施工与运营阶段

（1）水土保持

施工时，工程建设可能造成水土流失的施工项目主要有：桥梁基础开挖、桥台及引道施工、回填方的临时堆放等。上述工程中，由于施工中大量的土体和岩石被剥离、扰动，破坏了自然条件下的稳定和平衡，使土体的抗蚀性指数降低，土壤侵蚀加剧；工程建设开挖产生的土石方堆放，如不加以防护，在雨水的溅蚀及地表径流的作用下，将产生严重的水土流失。大量的弃土弃渣如直接进入河道，将增加桥梁下游河流中的泥沙淤积量，抬升河床并威胁下游堤防安全。开挖边坡会使滑坡等自然灾害发生的频率加快，恶化项目区生态环境。因此，桥梁施工过程中，必须严格实施水土保持措施，减少水土流失量，保护好生态环境。

根据桥梁工程建设特点、地貌类型、项目区侵蚀类型、侵蚀方式及其对环境的危害，应该把水土流失防治范围进行分区，可以采取的水土保持措施包括：

①选择合理的施工时间，尽量避开雨季施工，防止雨水冲刷造成水土流失。

②采用合理的施工方法，对工程开挖的弃土弃渣要及时清运；对开挖面、采挖面和新形成的不稳定边坡要及时护坡，避免长时间裸露。

③施工期开挖及回填土石方滚落、砌石及混凝土浇筑掉渣等造成河道淤积，应及时清理，以保证河道过流断面达到设计要求。

④临时堆料外侧边缘采用彩色钢板进行临时拦挡，土方表面用防雨布覆盖，也可人工拍实，达到不冲不刷的效果。

⑤对于施工临时用地，使用完后应及时复垦并绿化，以恢复植被，降低水土流失带来的影响。

桥梁建成后运营时，合理绿化桥下空间及周边，可对生态环境起到很好的保护作用。比如在绿化引桥两侧，可对汽车噪声与灯光起到一定的遮蔽作用，减少对动物不必要的惊扰。桥下气候恶劣，绿色植物不易存活，需选用喜阴耐旱的植被进行绿化，这些绿化植物可隐蔽动物，使桥梁对动物的胁迫感降低。

（2）声环境保护

施工阶段，桥梁项目的施工单位必须按城市环境噪声污染防治管理的相关规定，开工前向环保管理部门申报，说明其工程项目、场所及可能排放的噪声强度和所采取的噪声污染防治措施等。少用噪声与振动过大的施工设备，高噪声设备应与居民区保持一定的距离，使之对周围影响不要过大。施工中合理安排施工及材料运输计划，施工车辆尽量避免在主干道和居民稠密区通行，避开行车高峰期。合理安排施工时间，白天尽量进行必需的噪声作业，夜间严格控制高噪声设备施工。居民集中区内，高噪声施工机械夜间应停止施工，严禁夜间进行打桩作业。施工中，强大的噪声机械会使现场人员产生极大伤害，因而要控制整个噪声作业时间，并运用一定的防护手段保护施工人员。

运营阶段，交通管理措施方面，可以采用全路段禁止鸣笛、全线禁止摩托车飙车、适时分流等办法。工程措施方面，可以采用低噪声级的沥青混凝土路面，尽可能降低路面纵坡等办法。在有可能超标的路段进行监测，采用工程措施进行治理。

（3）水体环境保护

施工时，由于桥梁是河流水体环境的主要污染源，因而应选择合适的施工时间，并规范桥梁施工工艺,减少桥梁施工期间对河流水体的影响。桥梁钻孔灌注桩的施工中应采用先进的技术,将泥浆与渣土分离,达到泥浆有效的回收利用。应严格按照规定进行施工机械的检查,防止油料泄漏。施工期,污水不得排入Ⅰ、Ⅱ类水域,当排入其他水域时,必须符合相应的水质标准要求;当不符合要求时要进行水质处理。施工驻地的生活污水及垃圾、粪便等污物要集中处理。施工材料堆放地点应远离河道,水泥、石灰等粉状建筑材料应仓库存放或用油布覆盖,避免被雨水冲刷而进入水体造成水环境污染。材料堆放场地设置排水沟和临时沉沙池,废水经沉沙池沉淀后方可排放。水体中不可将施工垃圾,如废弃的油污、沥青等倒入。

桥梁营运期,过往运输的车辆可能会泄漏毒害物质,这些物质一旦进入桥下水体中,对生态环境会造成严重破坏。因而修建引流净化排水系统至关重要。车辆装载有石灰、水泥、土方等易起尘的散货,必须加篷覆盖后,才能上公路行驶,防止撒落的材料经雨水冲刷后造成水体污染。定期检查、维护沿线的水土保持工程设施和排水工程设施(如排水沟),出现破损应及时修补。如遇到大风、大雾、路面结冰等特别严重的情况,则应关闭相应的路段,以降低交通事故的发生率,另外还要加强交通管理,禁止尾气超标车辆上路行驶;加强交通诱导和分流,避免桥面长时间拥堵;对空气质量敏感点,多植树、种草,净化吸收车辆尾气中的污染物,加强桥梁工程安全检查、监控,确保重要水域路段的安全。

(4)植被护坡

桥梁修筑过程中,桥头引道及桥台开挖后形成的边坡必须加以防护,国内大多采用圬工防护同生态恢复相结合的措施。圬工防护形式多样,有水泥砂浆抹面、护面墙等,主要是通过这些材料在边坡铺砌,避免坍塌这些自然灾害发生。还有一种方法是运用植物进行护坡(图3.13),原理为在边坡种植植物,使之根茎缠叠并与土壤形成附着力来抵抗水流对边坡的冲刷。具体表现如下:

图 3.13　植物护坡

①减少雨水对边坡的冲刷力。植物可有效拦截降水,使水流对边坡的冲刷力变小。

②将坡面径流量降至最低。植物的根茎栽种在土壤中,形成各种孔道,同时其腐烂的残体又形成团粒形状,使土壤的透水性大大增强,使地表径流速度降低。

③对土壤的支撑。植物相互缠叠的根系形成一个将土壤缚紧的网,为坡面加护了一个钢筋,从而对边坡起到保护作用。

由此,圬工防护优点显著,国内采用这种方法的也很多,但岩石会被风化,钢筋也会被腐蚀,因而现转向运用生态护坡的地方越来越多,虽然刚开始效果并不明显,但当植物慢慢成长起来,其作用也会显著起来。

当前生态护坡方法主要有以下 8 类:

①人工护坡植被的种植。通过人类种植方式,对较缓桥梁边坡及砂土地质薄弱的坡地进行人力种植。

②植生带(图3.14)。植生带是在天然纤维或织物垫中加上植物幼苗或种子,在边坡加贴,但这种方法需要边坡平缓、平整,对砂土类坡面尤其适用。

图 3.14　植生带

③液压喷播(图3.15)。这种方法适宜大面积边坡,具体是将植物种子、木质纤维及肥料等混合剂喷洒在边坡上。

图 3.15　液压喷播

④厚层喷播。首先将肥料种子等用湿式喷枪在边坡面喷洒,然后用固化剂对土壤进行固定,再用纤维网等覆盖在上面,使植被牢牢附着在边坡表面,不被雨水冲刷掉。

⑤网袋绿化。用纤维或金属等材质的网袋将植物种子、土壤等混合装起来,再对边坡表面进行覆贴,此法要求边坡的岩质稳定。

⑥框格护坡(图3.16)。将混凝土框格砌筑于边坡,也可采用浆砌片石,再填土于框架中。此法适合于陡峭边坡和较易风化的边坡。

图 3.16　框格护坡

⑦钻孔或挖沟绿化。将边坡进行钻孔或挖沟,在孔或沟内填土绿化。

⑧喷种有机基材。将植物种子、黏结剂等与水混合,用砂浆喷枪喷于边坡面。此法要求坡面岩质稳定。

4)拆除阶段

(1)拆除方案

目前钢桥拆除施工常用机械切割的方式进行,混凝土桥梁的拆除有爆破和切割两种方法。

桥下水体及生物资源不需要特别地保护桥梁,爆破拆除时,直接将桥梁爆破破碎后的建筑废弃物整体倒入河道内,再对被堵塞的河道进行清理。若爆破中混凝土分解不充分,会使二次爆破工程量加大。该方法的优点是施工速度快、清理简单、造价较低;缺点是对桥位区环境影响较大,不适用于通航河道中大型桥梁的拆除。石拱桥或混凝土拱桥这类危桥中,多在桥墩及拱顶装药,以爆破的方式拆除。

切割法拆除混凝土桥时,首先需要对桥梁进行临时支撑,确保拆除过程中结构的稳定与安全。使用切割方法对梁体进行分块,将分块后的梁体移除,并在指定地点破碎。该方法的优点是施工期环境危害小、风险较低,但中大型桥梁切割法拆除时临时工程费用高、施工时间长、运输难度大。

(2)污染控制

拆除阶段对环境的影响主要是噪声、振动及废渣等,污染范围为桥梁两侧及桥下部分水体、河床等。为了降低桥梁拆除对环境的污染,在制订拆除方案时必须开展环境影响评价工作。在噪声及振动控制方面,宜采用小剂量装药、延时爆破的方式,充分利用结构的自身稳定性的丧失发生连锁倒塌,避免各装药点同时爆破对环境造成过大的振动及噪声污染。在废渣控制方面,有条件时尽量采用切割的方法拆除桥梁,避免大量建筑弃渣进入河道污染下游水体,对进入河道内的弃渣应及时清理并移除,并对河流水体环境进行检测,发现 pH 值异常时应及时采取措施控制水体质量。

3.3 水土流失保护实例分析

　　坐落于来宾市主城区的永鑫大桥(图 3.17),全长约 1.5 km,双向四车道(Ⅰ级),设有人行道和非机动车道。桥位区域较为平缓,属于残丘平原地带。大桥全长 1 085 m,宽 30.5 m,引道长为 395.7 m。地貌为Ⅰ级阶地—不对称"U"形河谷—Ⅰ级阶地。地层有第四系残积红黏土、耕土及素填土,下伏基岩为石炭系马平群石灰岩。大桥所属气候为亚热带季风气候带,降水主要集中在 5—9 月,历年平均风速为 2.4 m/s。据资料分析,桥位最高洪水水位为84.51 m。

图 3.17　来宾永鑫大桥

3.3.1　永鑫大桥桥址水土流失情况

1)范围和形式

　　工程施工期间,基础开挖、填筑路基、铲除地表植物等行为造成土壤裸露,土壤保护层也被破坏,这些行为打破其固有汇水径流系统,使水土流失,面积约为 4.69 hm²。

　　大桥产生水土流失多为施工期,由于大量降雨,土壤受水力侵蚀中的面蚀与细沟侵蚀严重。据观测,项目河流阶地处水土流失强烈的地段,岸坡更为强烈,所以整个大桥项目水土流失强度等级为强烈至极强烈。另外,残丘平原地区的地质较稳定,最大填方是桥头路基填土,约 8 m,引道处也无挖方段,因而受重力影响的侵蚀危害不大。

2)水土流失影响因素

　　受地形因素影响,永鑫大桥呈 U 形河床断面,土壤因基岩裸露流失严重,平缓的地形无法使坡面径流汇集,引道与桥头用直墙式挡墙,产生边坡因素小,因此永鑫大桥受地形影响造成水土流失的可能性较小。

受降水因素影响,项目区降水强度与降水量都比较大,土壤渗入率无法跟上水流强度,在地表处易发生径流,造成沟蚀、面蚀,因此永鑫大桥受降水因素影响造成水土流失的可能性大。

受土壤因素影响,项目区在上层种植土壤的类型主要为赤红壤、冲积土。此类土壤抗冲与抗蚀性能都不好,因此永鑫大桥受土壤影响造成水土流失的可能性大。

受植被因素影响,项目区东岸为民房与旱地,西岸为糖业场区,除 0.11 hm² 绿化区域,其余均为硬化面积,因此永鑫大桥受植被因素影响造成水土流失的可能性小。

受河流因素影响,永鑫大桥运用钻孔灌注桩对主墩进行施工,用钢板围堰,正常水位是 54.5 m,百年一遇洪水最高水位为 84.51 m,主墩受河流影响,但因主墩材质不易受侵蚀,因此永鑫大桥受河流因素影响造成水土流失的可能性较小。

受人为因素影响,为便于施工,施工人员进驻施工场地后清除表层土、铲除植被、清淤和换填不良地质等行为,对土壤原生态结构造成破坏,使径流路径被改变,降低了土壤抗蚀能力,水土流失严重。在桥梁施工阶段,若不采取措施进行防护治理,将会有很严重的水土流失,因此永鑫大桥受人为因素影响造成水土流失的可能性很大。

3.3.2 规划设计阶段防止水土流失的措施

1) 工程防范措施

永鑫大桥引道路有 8 m 以下的基填方,在引道上无挖方路段,在基边坡用直墙式挡墙护坡,并建有浆砌石截排水沟于路基挡墙下,直至污水处理管处。大桥外侧路缘隔段设有缘石平算式雨水口。大桥施工取土处设于新龙新村的取土场,并于城北区堆放垃圾弃渣,利于保持水土。直墙式挡墙护路基边坡,可减少水土流失,也不用过多占地。排水管道分级引流桥面降水到各排水系统中,避免了水流冲刷地表。但大桥施工期对地表扰动强烈,而排水、拦挡系统还没修筑完善,且防止水土流失的工作无针对性,因而本项目工程需增设临时排水或沉沙设施,防止水土流失过多。

2) 植物防护措施

绿化类型以草皮和花为主,辅以灌乔木,空地区需将景观与植被结合起来,使沿线得到美化,绿化树种植朱槿、鸡栖树等,植物根系相互绕叠,对水土起到固定作用。

3.3.3 施工阶段防止水土流失的措施

项目施工顺序是桥梁—路基与交叉工程—路面的施工—沿途线路设施和绿化工程。施工前可临时安排截排水沟,以利于排除施工期间降水造成的地表水,避免地表裸露面被径流冲刷。大桥基础由灌注桩完成,并用钢管桩对主桥桥墩进行钻孔灌注。为避免污染河体,大桥施工时先用钢板桩隔开钢管桩平台水体,处理这些水体后再进行排放。减小承台基坑的开挖面积,在枯水期对桥基安排施工,及时在垃圾消纳场处理岩浆与淤泥。

1) 增设临时截排水沟与沉砂池

为减小施工期间所产生的大量泥沙对来宾市城区下游河道及农田产生的污染,可临时增设排水系统,虽说在项目设计中已有这些系统,但都在中后期才能完工,而前期水土流失会因为土石方的开挖更为严重。因而增设截排水沟,并在出口处设临时沉砂池,可有效阻挡地表水径流冲刷泥沙至自然水系引起污染。

2) 使地表裸露面积变少,并在地表缩短裸露时间

大桥项目施工时,为避免污染民居,将施工场地用钢板隔离。在填筑开挖地基时,地表裸露时间不宜过长,具体措施是可用草席或者编织布对其进行覆盖,对弃渣的清运要及时。

3) 对桥底实施绿化

人行道的空地绿化为主体绿化设计,桥底约有 1.30 hm² 的地表裸露。为防止施工结束后桥底的裸露土地发生水土流失,同时也为增加绿化覆盖率,大桥底广泛使用灌草结合的方式绿化裸露土地。在土地平整后,覆盖 0.3 m 厚表土,用黄素梅与毛杜鹃进行行间混交种植,密度为 2 500 株/hm²,比例为 1∶1,株行间距为 2 m×2 m,成品字形混合种植,并在地面混合种植 100 kg/hm² 的狗牙根与百喜草。桥底进行绿化后,绿化率会由先前的 2.3% 增至30.1%。

4) 根据水土保持要求合理安排施工工序

施工前要做好各项准备工作,应从工程管理方面、技术人员配置、施工场地布置、工程用水准备、电力与材料供给、机械设备准备、施工测量等方面提出相关要求,以保证项目高效高质按期实施完毕。施工期间,不在雨季开挖填筑土石方,每个分项的工程首先考虑布设排水与拦挡设施,在引道施工时进行直墙式的挡墙修建。各项工序安排连贯有序,如人行道的空地上覆盖土后应立刻进行绿化,主体工程和水土的保持工程要同时施工、同时完工验收。本工程要精心组织与安排,避免重复破坏造成二次侵害,避免因工序混乱造成空地暴露时间过长,最大限度地减少了建设永鑫大桥带来的水土流失。

5) 对施工人员进行教育

项目施工人员是造成水土流失的主体人员,因此对他们进行水土保持教育尤其重要。施工前,要进行一定的项目水土保持宣传教育,使项目施工人员意识到破坏环境的严重后果,并培养他们进行水土保持的主观意识,在施工中有意识地进行环保施工。

3.4 小结

本章主要研究了桥梁生态学设计的理法与实践,从桥梁建设对生态环境及生态系统的影响分析入手,结合生态设计原则,对桥梁生态设计方法进行了系统的探讨与研究,得出了适合桥梁生态设计的具体方法,并以来宾市永鑫大桥为例,论证了桥梁生态设计的基本理法。

4 山地城市桥梁生态美学设计原则与方法

山地城市特殊的地质条件和自然环境造成了桥梁工程具有桥隧相连、跨越江河的特点，桥梁工程主体与桥梁两端的接线工程及滨江商业区一起构成了城市的独特景观。为了建设可持续发展的环境友好型城市，要求桥梁工程项目除实现自身的交通功能外，还能与周边环境协调发展，体现自然、生态化倾向及景观价值。本章以山地城市的桥梁工程为背景，研究山地城市桥梁生态美学设计原则与方法。

与山地城市桥梁生态美学相关的学科有山地城市景观学、生态学、恢复生态学、桥梁工程学、桥梁美学等，这些分支学科为研究山地城市桥梁生态美学提供了更多的理论支持。总体而言，山地城市桥梁的生态美学包涵三门大的学科，分别是桥梁学、生态学和美学。结合这三门学科交叉的部分，将逐渐发展成为一门新学科，它将生态学的整体观、系统观、平衡观等思想引入桥梁美学研究中，对桥梁美学进行了生态方面的完善和拓展。因此，山地城市桥梁生态美包含了自然生态、社会生态和文化生态，其核心还是生态美。

4.1 山地城市的特殊性

4.1.1 山地城市的概念

《辞海》描述山地是地表高度较大、坡度较陡的隆起地貌。山地与丘陵及高原最大的区别在于山地的山峰很高且面积窄。

按国内地理学划分，可将所有国内土地分为山地、平面、高原和丘陵。其中山地定义为表面起伏大、地势相对较高的山区，包括山岭和山岭间的山谷，广泛分布于陆地地貌中，通常位于地质运动或外力作用活跃的地区，地质构造复杂[35]。

《中国百科全书》将广义的山地划分为山、高原和丘陵。

中国地大物博，幅员辽阔，山地城市众多。据统计，我国广义山地面积（山地的表面积）约为 666 万 km^2，占我国陆地国土面积的近 70%，居住于广义山区的人口占全国总人口的半数以上。山地是中华民族的发祥地，《易·系辞下》中有言"上古穴居而野处"，此"穴居"指的就是山地。山地资源丰富，天然生物品种多，旅游业发达，有很多天然的国家级风景区，发展空间巨大。

山地城市学将中国城镇体系中的城市分为 8 种,非山地城市只占其中一种(表 4.1)。

表 4.1 山地城市学中的山地城市概念

一级分类	二级分类	三级分类	是否山地城市
高海拔城市	山区城市	坡地城市	是
		平地城市	是
	平面城市	坡地城市	是
		平地城市	是
低海拔城市	山区城市	坡地城市	是
		平地城市	是
	平面城市	坡地城市	是
		平地城市	否

山地城市,从狭义上来说,是指建于山坡和丘陵复杂地形上的城市,居住于其中的人们的一切生产生活都是在起伏不平的地形上完成的,城镇的构成分布、环境特征和人们生活方式完全区别于平原城市。中国典型山地城市有香港、青岛、重庆(图 4.1)及遵义等。广义山地城市是指山体轮廓线及岸线与城市建筑的构成所形成的城市空间,整个城市因山地地形的存在而展现出完全不同于平原城市的独特格局,从而影响城市的形态特征、风俗文化[36],如拉萨(图 4.2)。

图 4.1 重庆鸟瞰图

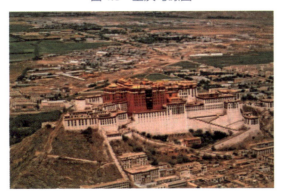

图 4.2 拉萨鸟瞰图

4.1.2 山地城市的空间结构和布局原则的特殊性

城市是人类文明高度集中的产物，人类抛弃了赖以生存的农耕进入城市，从事商业、手工业等，从自产自足到等价交换，城市生活的好处吸引着越来越多的人来到城市生活，城市人口越来越集中。城市人口不断增加，城市势必要扩张，城市的扩张有两种方式：一种是高度上的扩张；一种是宽度上的扩张。一般城市向高度扩张的能力有限，因此宽度扩张是必然的，而宽度扩张通常是沿既有城市边缘向某一方向或所有方向扩大，于是城市就发展成了不同的形状。

山地城市从空间维度来看是三维空间，在城市景观中加入了山体轮廓线，使城市的景观层次从广度和深度上都比平原城市更为丰富。平原城市景观因广场立面的建筑外形及观看者周边的街道，其深度和广度都有所缩小，但山地城市地形上高低起伏，观测范围明显增大。例如，当观看点高出被观看物体二十几米时，其能见距离就增加了二十几千米。观者的视角可分为平视、仰视、俯视等，在观者视线运动过程中会形成山地城市独特的视觉图像。所以，桥梁设计者必须深谙广阔空间的视觉特点，充分利用山地城市特有的地形环境进行桥梁设计（表4.2）。

表 4.2　山地城市和平原城市在空间环境形态上的比较

	地形	一般城市形态	交通组织	空间关系	景观组织	环境特征
山地城市	山地、丘陵坡度	分散式结构组团或带状式	因地制宜自由式	三维空间、高低起伏、错落变化	以自然组织景观居多	自然的山、水绿化的城市大环境
平原城市	平地坡度	整体式结构多层饼式铺开	规整棋盘式放射式	二维空间、平坦统一	以人工组织景观居多	人工的山、水绿化的城市小环境

注：资料来于《论山地城市正负空间的意义》。

城市文明带来的集中性和山地地形带来的分散性是山地城市在空间结构上的一组矛盾，要使两者在山地城市建设中达到统一，保持两者之间的平衡成为山地城市长期建设的关键。山地城市空间结构体现的集中与分散的对立统一决定了其布局原则的特殊性，山地城市空间结构布局有以下基本原则：

1) 多中心、组团结构原则

山地城市交通不便，城市中心过度集中不仅导致城市居民交通拥堵、出行效率低下，由此带来的能源浪费和时间浪费更是不可估量。由于人口过度集中，意味着公共卫生问题和交通安全问题更加突出，热岛效应也会加剧。多中心、组团结构原则是指在山地城市建设时，将城市中心分散成多个，围绕各个中心紧凑成团。以这种结构组成的城市，人们的生活更加便捷舒缓，出行的平均距离缩短了，交通拥堵问题就会得到极大的缓解，不仅节约了能源，也减少了空气和噪声污染。

2) 绿地楔入原则

山地城市组团间的部分多为较难联通的区域，这些区域常以陡坡、冲沟、林地、农田、湿地等绿色自然隔离地带和生态廊道的形式出现,这些区域虽不便发展城市,却是城市生态系统的重要组成部分。绿地系统包含通风、降温、净化空气、吸尘、蓄水、降噪、保持水土等生态功能,其中蕴含着丰富的动植物种类,是山地城市宝贵的生态资源。同时,绿地楔入城市组团,不仅在结构上使各组团联系更紧密,景观上使城市更秀美,还为组团生活的市民提供了休闲娱乐、户外运动的好去处。

3) 多样性原则

多样性不仅指山地城市的景观多样性和生物多样性,还包括文化多样性和建筑形式多样性等,这种综合的多样性使城市凸显出一种欣欣向荣的景象,城市居民对生活充满新鲜感,并对自己的城市产生荣誉感和自豪感。当然,多样性原则的前提是和谐,包括景观与城市文化和谐、人与自然和谐、城市风貌与历史文化背景和谐等。和谐中的多样才是山地城市需要的多样性原则。

4) 个性特色原则

随着城市现代化进程的不断加快,现代城市风貌逐渐走向一个极端,相同的格局、相同的建筑风格,甚至相同的绿化植物,不论城市有何自然或人文背景,全部一刀切,这大大抹杀了我国疆域辽阔、风俗迥异的优势。山地城市往往有自己独特的文化背景和风俗习惯,以此为基础的城市设计才会使城市更有归属感、更宜居,城市才会焕发出独有的魅力。

以上布局原则有些是山地城市特有的,有些则是通用的,但不论是哪一条原则,将它与某一座山地城市结合起来,都是独一无二的,这才是山地城市布局特殊性的真正含义。

4.1.3 山地城市生态环境面对的困境

山地城市特殊的地势、水文、天气、绿化决定其生态环境更为敏感,山地生态系统会因为其中某些因素的变化而改变甚至失衡,因此山地城市的生态环境远比平地脆弱。营造符合生态美学设计原则的山地城市桥梁既要满足人们对山地城市历史、文化和保护生态环境的需求,又要使山地城市桥梁自身设计有所创新,以达到桥梁与环境的充分融合,形成新的生态与审美。一般而言,山地城市生态环境所面临的问题有:

1) 地质的不稳定性

山地这种地表形态是由长期地质作用形成的,它是自然界达到某种平衡的具象体现,一旦外部因素发生改变,就可能打破这种平衡,从而引发地质的变化。自然产生的地质地貌活动和人为干扰的地面形态改造都极易诱发地基的动摇和破坏。例如,当降水量过大时,地表水量聚集程度较高,径流超过安息角,会导致山体滑坡或断层等;爆破施工时如未掌握好爆破点,将山体主要支撑部位炸毁,则会引起大面积塌方。另外,一些特殊地理条件的地区,如陡坡崖区,如果受到较强的雨水作用,也可能发生滑坡、泥石流等自然灾害。调查显示,长江干线上游附近的山地全都受到过以上自然灾害的影响,由此可见,山地城市确实更易出现地质灾害。

2) 地形的复杂性

山体的形状虽大同小异,但山地城市只坐落于山体的某一位置,因此山地城市的地形往往各不相同。不同部位的山体其形态特征和环境条件都有较大差异,如山谷地段通常湿度较大,而山脊则交通不便,取水困难。另外,山体坡度的陡缓之差、地形形态的形状之别,使不同的山地可识别度较高。山地坡度较大,水流较迅疾,降水、山洪等原因都会导致地表径流量增加,冲蚀土壤,流失水土,甚至影响地质的稳定。目前,我国山地城市经济发展类型多为粗放型,这种破坏与发展几乎持平的发展方式加上山地特殊的地理条件,使得山地城市的污染更加严重。以重庆为例,山地地表植被丰富,阻力较大,风速较小,在山坡上下沉气流的作用下,地表的大气污染浓度会很高,形成多雾多雨的天气;逆温情况下,空气中的二氧化碳、氮氧化合物发生化学反应,还会形成酸雨和酸雾,危及人民的身体健康和财产安全。因此,山地城市桥梁的生态化设计就显得十分重要。

3)气候的多变性

山地城市因高低起伏的地形及海拔高度的影响,气候较之平原城市会有明显的地域性特征。英国学者阿伯特等撰写的 *Hill Housing*(1980年版)里就详细介绍了山地气候的特殊性及对环境的影响等问题[37]。

4)水文的动态性

山地城市地势陡峭,其地质稳定性受水流速度影响较大,如遇大量降水或山洪暴发,极有可能因土壤的冲蚀发生严重的自然灾害。

5)植被的重要性

山地城市环境中,植被的丰富不仅保护了地域景观特色,使环境景观优美,而且在生态保护方面起到重要作用。植被不仅能保持水土、防洪减灾,还能增加土壤的容水量,甚至能对山地小气候起到一定的调节作用。

4.1.4 山地城市桥梁对生态环境的特殊影响

与平原区相比,在山地城市环境中建设桥梁对周边生态环境产生的特殊影响包括:

1)地形改造作用大

与平原区相比,在山地城市中修建桥梁,桥头引道及接线工程多位于丘陵或山地,桥梁工程建设对桥址区附近地形改造作用大,桥梁引道或立交工程常采用高挖深填或接线隧道的方式。因此,山地城市中桥梁工程修建后,土石方开挖工程量大,施工期面临严重的水土流失问题,开挖及回填产生的高陡边坡、弃土场等在运营期容易产生严重的地质灾害。

2)水流情势影响大

山地地形河床多为V字形,洪水期河水暴涨暴落。在山地沟谷状河床中修建桥梁,桥墩、桥台及引道对河道的约束与占用,对河流的水流情势影响与改变作用大,易诱发桥梁下游河岸冲刷加剧,导致地质灾害的发生。水流情势的改变,对水生生物的迁徙及洄游影响较大。

3)生态修复难度大

山地坡面土壤覆盖层厚度薄且贫瘠,土壤蓄水能力较差,植被生长困难且物种较为单一。桥梁建设中,生态修复难度大,坡面土壤及肥力保持困难,人工绿化常面临"一年青、二年黄、三年亡"的不利局面。

4.2 山地城市桥梁生态美学的理论基础

4.2.1 山地城市桥梁生态美学设计的生态学理论基础

我国生态美学的思想最早出现在道家的学说中,"天人合一,道法自然"就是对生态美学的逼真描绘;西方1 300多年前的《圣经》中也体现了生态美学的思想。我国著名美学专家曾繁仁在《生态美学导论》中详细梳理了古今中外生态学理论的发展史,并通过对历史的解读和论证,表达了对生态美学的一些独特见解。该书第一部分是西方生态美学发展的"资源史",整条线是:18世纪的几大主要思想—维柯的"原始诗性"论—桑塔耶纳的"自然主义"—杜威的"活的生物"思想—车尔尼雪夫斯基的"生活—自然"美学。作者对"生态神学"和《圣经》也颇有研究,提出了一些有见地的看法,并对《圣经》进行了生态解读。接着,作者从海德格尔"人在世界之中"的生态整体论、大地作为人的生存根据的观念、人与自然平等游戏的"家园意识"和以约·瑟帕玛、艾伦·卡尔松等为代表的20世纪环境美学的最新思路出发,将整个过程流畅而有序地呈现在人们面前。对中国生态美学史,曾先生采取了截然不同的逻辑思路,"以点带面",这种看似老到的手法其实是很巧妙的方式,避开了繁杂的历史叙述,针对《周易》、儒家、道家和佛教中有关生态的论点进行深入研究,尤其是对《周易》的"生生不息"与道家"天倪""天钧"思想的阐释,颇具理论新意[38]。

山地城市桥梁生态学是研究在复杂而脆弱的山地生态系统下,契合大自然固有元素,根据地方风俗文化特征,营造美观、舒适、环保的生活环境。古代桥梁注重实用性,融入过多的文化和习俗,记录了人类的聪明才智;近代桥梁无论是从设计上还是建造上都体现了美学的思想;现代桥梁要求更高,桥梁自身具有美观性和功能性已远远不够,还要与整个城市一起构成城市景观美,包含更多的生态美学元素,丰富桥梁内涵。

4.2.2 桥梁生态美学的山地城市生态学理论基础

山地城市生态学在桥梁生态美学设计和建设中的应用主要包括:第一,山地城市不仅空间受限,而且生态系统复杂,住宅小区依山而建,道路穿山而过,桥梁连接着山与山。第二,山地城市的生态评价和生态功能区划。山地城市复杂的生态系统和脆弱的生态系统一直相伴而生,正因为其复杂性,所以也很脆弱。桥梁设计和建设不仅改变了城市景观,而且改变了城市生态环境。因此,根据山地城市的特性及桥梁生态学的特点,桥梁生态学在设计和建设上为山地城市桥梁生态美学提供理论指导,融入地域特色、风俗文化及环境保护等理念,使山地城市生态建设有着更为理想的发展。

4.2.3 山地城市桥梁设计的生态美学理论基础

生态美学是生态学与美学相结合的交叉学科,它将确立生态美的具体范畴作为核心内容,将创造人类生存环境和生活方式的生态审美作为主要目标,在当代生态存在论哲学的理论基础之上进行生态美学的研究。生态美学是实践美学发展的一次超越,更是美学本身的一次升华。这种升华主要表现在三个方面:第一,由美的认识论转向美的存在论,是一次美的形态的超越;第二,由主体性转向主体间性,把人与自然的关系看成主体间的关系,强调人与自然的共存关系;第三,由自然的人化转向人的自然化,考虑自然的承受能力,强调自然的发展规律,使人适应自然。

从人类改造自然到人类顺应自然,与自然和谐共生可以说是工业文明以来人类最大的一次进步,正如人没有了健康拥有再多金钱也是无用的,建造可持续发展的生态城市已成为现代城市发展的新型模式。山地城市在建设生态城市或者宜居城市的过程中有其空间结构的局限性和特殊性,而桥梁设计和建设是山地城市建设成为生态城市的一个重要内容。

设计桥梁的是人,建设桥梁的也是人,设计和建设的目的是为人类服务,因此,桥梁是否美也是由人来评判的。随着人们对自然认识的不断深入,生态美学思想也迅速发展,人们对桥梁生态美学的设计已上升到集环境保护与环境审美于一体的阶段。

4.3 山地城市桥梁生态美学的实践基础

4.3.1 生态美学为山地城市桥梁生态的营造提供实践基础

生态美学的理论基础是生态伦理学和存在论哲学,我国学者李欣复1994年出版的《论生态美学》一书中,第一次将生态美学产生的时代背景、生态美学的内涵以及生态美学的现实意义进行了详细而系统的阐述。桥梁生态美学是在桥梁设计与建造过程中,将生态美学理念贯穿其中,使桥梁具备使用功能的同时,不破坏整个景观的美感,不破坏区域内生态环境,使自然环境具备自我保护和恢复能力,设计和建设具有良性循环模式的桥梁。通过营造植物图案、创建习俗文化,促进山地城市桥梁生态美学达到一定高度。

生态美学对山地城市桥梁生态的指导作用体现在绿地植物群落构建,桥身、桥柱、桥灯的设计,地域特色的融入,文化习俗的表现等方面。随着我国社会经济的飞速发展,现代化建设将生态文明作为一项重要内容,国家从制度和政策上为桥梁生态美学的进一步发展提供了巨大的方便和难得的机遇,加之我国居民对环境保护认识的不断深入,生态美学建设的社会基础越来越广泛,营造山地城市桥梁生态美的各项条件已经成熟。

4.3.2 生态建筑的整体性设计法为桥梁生态美学的营造提供技术支撑

在我国的生态建筑设计中,整体性设计法已经成为整个建筑设计的指导性方法,也是生态建筑设计的要求和评价标准之一,包括建筑物周边环境生态设计的考虑以及建筑自身要求的外部围护结构,如桥梁围栏、桥上照明器材等。整体性设计法既考虑了人的使用感受,对生态系统、美学存在进行整体的关怀,也考虑了山地城市独特的空间局限性和集中与分散布局的现实情况。当所有考虑全部付诸桥梁设计中,才能最大限度地体现山地城市桥梁生态美学价值。

整体设计法是对传统桥梁设计和建设的一种颠覆,其关注的是桥梁本身的功能与形式,让桥梁的建造符合周围环境,并把桥梁作为一件大型艺术品投放在城市环境中,运用构成元素及生态法则营造包括桥梁在内的城市公共空间,使整个空间具备艺术品位和环保效应。"在世界之中存在"成为山地城市桥梁生态美学设计和建设的具体实践形式。

4.3.3　景观营造为山地城市桥梁生态美学提供技术指导

景观包含人工、自然和人文三个方面,桥梁也不例外,人们以前提到景观营造仅局限于园林之中,而如今应用的范围更加广泛。建造包含这三方面在内的桥梁,是桥梁生态美学建设的重要内容,它与城市建筑共同营造了人居环境,对提升人们的生活品质起着积极的作用。

各类生活垃圾和景观营造对山地城市桥梁生态美学的指导作用主要表现在生态系统结构完整、生物多样和具有美的感觉。生态系统结构完整主要是指具备自我维持能力,生物多样是指生态系统具有自我维持能力的保证。任何单一的生物无法构成系统,也无法长久生长,更不具备自我维持能力。美的感觉正是景观营造的意义所在,生态系统无法呈现必然的美,但景观营造的方法将这一愿望变为现实。

4.4　山地城市桥梁生态美学营造的原则

4.4.1　生态资源可再生利用原则

生态系统的主要功能之一是生产资源,如果条件适宜,有些资源可以再生,但是环境如果遭到破坏,资源的再生能力会有所降低。不可替代资源的形成是通过漫长的历史时期,经过一系列的物理化学作用而形成的,这些资源在短时间内是不能恢复或者再生的。因此我们提倡 4R 原则。"4R"是指 Reduce、Reuse、Recycle 和 Renewable[39]。Reduce,减少资源利用,即使是可再生资源也要小心使用;Reuse,工程需要被满足后,改造和再利用场地固有景观构成物;Recycle,对原有工程的废弃材料和当前工程的多余材料进行回收,对可循环利用的资源适当处理并循环利用;Renewable,将回收和循环利用的材料和资源按照新的设计,重造成新的景观,赋予新的功能。比如太阳能风力发电桥(图 4.3)就是很好的例子。

太阳能风力发电桥是参加太阳能高速公路设计大赛的一个作品,它不仅在造型上体现了一种工业化、现代化之美,而且思路新颖,功能兼顾,充分利用了当地始终受侧风且长时间照射在地中海强日光下的地理优势。因此,这座桥只能修建于具备这种地理条件的区域,虽

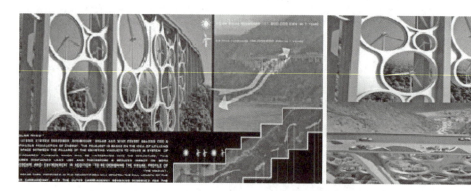

图4.3　太阳能风力发电桥

然有一定的局限性,但对桥梁的附加功能设计是一个很好的启发。

如前所述,施工过程对生态环境有一定的破坏性,若能提出一种绿色的施工方法,将对生态环境的保护做出极大的贡献。然而,遗憾的是目前尚无特别值得推行的绿色施工方法,而提高经济效益的方法倒是多有研究。从某种意义上说,金钱也是一种资源,提高经济效益也是节约资源的一种,因此也具有生态意义。

提高经济效益最有效的手段通常是多方面改良系统结构,节约工程成本,但这种方式有其自身的局限性,当与人们日益增长的物质和精神需求发生冲突时,就得采用更为积极的方法来统筹规划,高效集约地解决问题,同时满足人们对生态和审美的精神需要。

厦门集美大桥(图4.4)的建桥工艺以高效化著称,其海上箱梁采用短线匹配法节段预制悬拼工艺,为适应该工艺的施工,人们研发了一道现代化节段预制标准化生产线。短线匹配法节段预制标准化生产线需要人、机良好的配合,管理难度很大,在此之前,国内尚无成熟经验可供借鉴。

图4.4　厦门集美大桥

旧桥拆除类似于桥梁施工的反过程,需要控制拆除时的噪声污染(表4.3)、粉尘污染以及最重要的建筑垃圾的处理。建筑垃圾的处理是旧桥拆除时最值得研究的问题,从生态环保的角度,建筑垃圾回收再利用是最好的出路,但在实际操作过程中,建筑垃圾的分类比较困难。以最常见的钢筋混凝土为例,即便是达到拆除标准的桥梁,主梁的混凝土还是有一定强度的,钢筋包裹在混凝土中,很难将二者分开。央视科教频道有一档节目叫《我爱发明》,

曾有一期播放的就是民间研发的钢筋混凝土分离机。将拆除下来的钢筋混凝土投入机器，机器中的大叶片搅动将混凝土打碎，碎掉的混凝土从出口掉落，随后取出钢筋。这种机器的效果很不错，将钢筋上的混凝土剥离得很干净，但美中不足的是，破碎钢筋混凝土对机器的磨损非常大，而且有时钢筋会将叶片打弯。因此，就经济性而言，用机器打碎回收钢筋混凝土的代价甚至超出新制的同体积钢筋混凝土的造价，这种入不敷出的技术不可能投入使用。技术仍是生态化桥梁施工、拆除的瓶颈，研发新技术是解决这一问题的唯一方法。

表 4.3　建筑施工噪声（距建筑机械 15 m）

设备名称	打桩机	混凝土搅拌机	凿岩机	电锯	水泵	通风机	柴油发动机	空压机	铆枪	推土机	载重汽车
声级/dB	105～135	90～100	110	100～120	90	100～115	110～120	75～110	91	125	90

4.4.2　生态和人文相结合的因地制宜原则

所谓生态和人文相结合的因地制宜原则，是指山地城市桥梁在设计时既要考虑桥址区的气象水文、地形地貌、生态环境等特点，又要考虑城市的历史积淀和文化背景，使桥梁和谐地融入周围的自然风光、生态环境和人文环境中。

因地制宜原则具体包括除对交通承载能力、适用性以及耐久性等方面的考虑外，还有桥型选择、结构设计、就近选材、施工工艺以及人文背景等各个方面的因素。因此，桥梁设计的因地制宜原则具体如下：

①注意大范围整体环境的创造。这在建筑学上分属于两种表达手法：一是以桥梁为中心，突出其主体作用；二是使桥梁融入环境，为周围环境锦上添花。前一种注重突出，后一种更重视隐藏。这两种手法的选择要根据周围景色的具体情况而定，这也是因地制宜的一种方法。

②重视自然与人工因素的对比与调和，也称最小干预、最大促进原则。所谓最小干预是指人们主观对自然环境的干涉作用达到最小，人类只需最大限度地在大自然自身生态系统利用以及自身物质能量循环利用上起促进作用即可，这种适度的人工干预对山地城市桥梁生态系统的恢复具有非常好的效果。这个原则的关键在于适度，而度的把握也是另一种因地制宜。

③造型简洁大方，可记忆性强。桥梁是力与美的结合，简洁流畅的造型不仅力感十足，而且给人大气舒畅的视觉感受。

城市桥梁应该与城市建筑一样，有一个相互趋同的主色调，使桥梁在色彩上与周围的道路和建筑保持连贯。色彩的统一不仅是指桥梁与周边建筑之间的统一，而且包含桥梁自身主体色和装饰色之间的统一。主体色通常简单淡雅，装饰色根据其作用可选择的范围较广，但要符合两个基本条件：一是与主色调和环境协调；二是突出地方特色，考虑民俗偏好（图4.5）。桥梁的色彩要与桥型统一，不同的桥型使用的建筑材料不同，而建筑材料又在一定程度上限制了桥梁的色彩和质感。例如，许多跨江大桥是由混凝土建成，部分构件还会用条石修建，并保持其自然色彩，既能融入景观又体现材质天然环保的一面。

图 4.5　北京奥林匹克公园

④众多桥梁中,有屡建屡毁的,也有千年永固的,其中很重要的原因是桥址选择是否因地制宜。桥梁选址是否因地制宜,主要看选择的桥址处水流对桥基的冲击程度和桥基是否坚固。

我国运用天然岩基选址的桥梁有迎仙桥、玉成桥、龙亭桥、宣桥、皇渡桥、司马悔桥、万年桥等。山区古桥能经受千百年山洪的冲击,主要原因是古桥的桥基都建在天然岩石之上,山洪直冲桥台下的山岩,无损桥的主体。平原地区的岩层埋置较深,因此岩石桥基的案例在平原地区较难找到,最典型的例子就是三江闸桥,它是以天然岩石为桥基的古桥。

浙江嵊州龙亭桥(图 4.6)稳固历经千年,也是因地制宜原则运用的典范。桥梁选址时选在有两块大岩石的地方,以此为基础,做拱桥造型,两端非同一水平面,呈不对称形状,约80 cm落差,因地形限制,只能牺牲桥形以满足桥基的需要。因此该桥拱采用框式纵联砌筑法修建。

图 4.6　浙江嵊州龙亭桥

嵊州的另一座古桥三折边拱的和尚桥(图 4.7)也是因地制宜选址建桥的典范。利用回流缓冲避开河道水流直冲方向,桥梁所在河流在冲过一个回头湾后,流速减缓,河面变宽成一个水潭,和尚桥的桥址恰好选在水流平稳的水潭口处。建于宋朝的和尚桥能保存至今,正是得益于桥址选择得当。

⑤以上例子是在桥址的选择上体现的因地制宜原则,这一原则也可以体现在桥梁建筑材料和桥型的选择上。例如,我国西北和西南地区,地形起伏变化,多高山深谷,河水多急流,基本无法砌筑桥墩,故而采用山区常见的藤条、竹索、木材等建筑材料,建造一些吊桥和

伸臂木梁桥。著名的泸定桥就是一座铁索吊桥(图4.8)。

图 4.7　浙江嵊州和尚桥

图 4.8　四川泸定桥

泸定桥建于四川西部的大渡河上,由 13 根铁链固定于两岸,9 根铁链支撑 3 m 宽的桥面,两侧分别有两根铁链做扶手,桥长 103 m,共由 12 164 个铁环组成,全部铁制构件重约40 t。两岸桥头各建一座木质古堡,桥头立有康熙亲题"泸定桥"的御碑。泸定桥建成于康熙四十五年(1706 年),自清朝以来,该桥就成为连接四川与西藏的重要通道。

4.4.3　以人为本、人与自然相和谐原则

"以人为本"具有丰富的科学内涵,"人"指的是"人民"的"人","本"指的是"根本"的"本",它不仅主张人是发展的根本目的,而且主张人是发展的根本动力,这是我们处理人与自然的指导方针。以人为本、人与自然相和谐原则要求从满足人类的需求出发,以提供舒适、便捷的交通功能和改善人民生活质量为桥梁建设的根本目标,在桥梁建设过程中兼顾生态环境的保护,达到人与自然的和谐发展。

两者之间的矛盾用图 4.9 可以说明。第一幅图是由最底层的灌木丛、中间的林下叶层以及最上层的林冠组成的景观,它是自然丛林生长的最佳状态,物种丰富、分布适当且便于动物隐藏,但是从人的角度看,多层茂密的叶子将视野完全遮挡,不能透视的感觉让人难以放松;第二、三幅图适当地空出了林冠下面的空间,让人的视线远及林木之外,给人开阔放松的感觉,而间断的植被高度不仅减少了植物种类,还使得动物难以隐藏行迹,生存受到威胁。

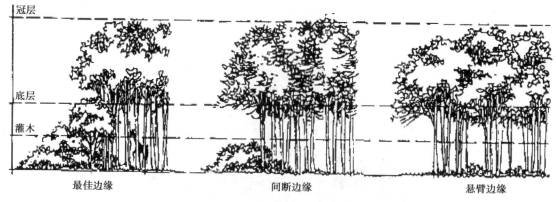

图 4.9　生态与景观的矛盾

　　图 4.10 是国外学者针对景观对减压的效果所做的调查,调查结果显示景观的质量对人体的血压和肌肉的紧张程度都有较大的影响,这是景观对人类生活具有重要影响的有力佐证。生态环境的保护对人类生活具有重要的战略意义,从各种自然灾害(如滑坡、泥石流、地震、海啸等)给人类造成的损失可见一斑。

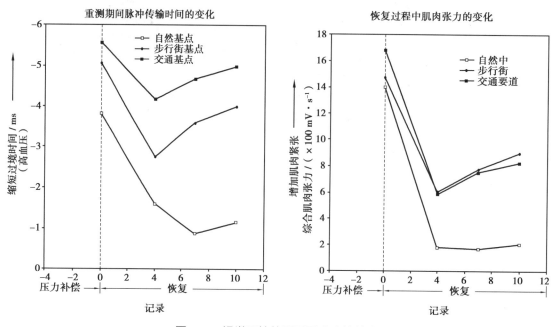

图 4.10　视觉环境的质量影响人的健康

　　图 4.11(a)中将植物全部集中于街区中央的部分,较大面积的绿地可以保有更多的生物种类,对生态保护十分有利,但如此一来街区只有中心有绿色景观,能享受自然乐趣的人占少数;图 4.11(b)则将所有的植物全部分散到街区之中,植物分布较为分散,不能形成独立的生态系统,但是街区所有人都可以享受到绿色植物的视野。两种方法都太过极端,显然都不是最合理的绿地布置方法。图 4.12 将部分植物集中在中心组成集中绿地,部分植物分散在街区各处,既达到了生态保护的要求,又满足了居民享受绿色植物的要求。

　　由此可见,以人为本中蕴含的生态保护和景观美学的这一对矛盾,是可以通过人与自然相和谐的方法来解决的。在桥梁生态美学的营造中也是一样,以人为本是根本原则,人与自然和谐是实现途径,二者紧密结合才能营造出既满足生态平衡,又达到美学要求的桥梁生态景观。湖南长潭浏阳河大桥就很好地体现了这一原则,景观的营造层次丰富且利于生态环保(图4.13)。

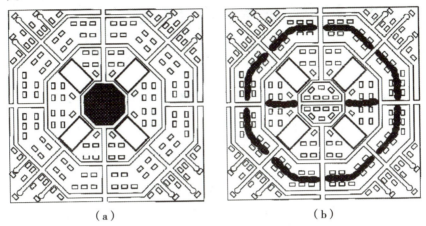

（a）　　　　　　　　（b）

图4.11　物种多样性最大化和视觉通达最大化的比较

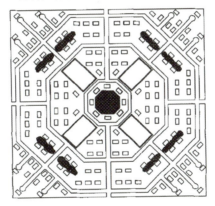

图4.12　生态与景观的协调

图4.13　湖南长潭浏阳河大桥

4.5 山地城市桥梁生态美学设计方法

4.5.1 桥梁生态美学与山地城市桥梁绿化营造流程的比较

桥梁生态美学的营造过程与山地城市桥梁绿化过程相比较(图 4.14),山地城市桥梁绿化是经过绿色植物的配给栽种达到景观效果,多采用能够快速生长且枝叶繁茂的树种和鲜艳的花卉以达到快速收效的目的,但这种做法植物物种单一,整体结构简单,生态效益也较低。桥梁生态美学的目标是强调整体性、有机性和综合性,即自然的所有生物都不可能孤立存在,是处在一个网格式的生存环境中,并且互相依存、互相包容。因此,桥梁的生态美学是营造一种动态平衡。生物其实都处于动态的进化过程中,每一个事物的进化过程都是不平衡的,但整个系统是平衡的。对于整个生态系统来说,生命的意义不仅是存在,而且是整个生态系统内部个体生命有生有灭,不断新陈代谢。桥梁生态美学强调的有机性是指生命之间的关联性。生态美学主张生命是世间万物共存的一种状态,而不是独立的某个个体或物种,也就是说生命之间的联系是普遍存在的。桥梁生态美学强调的综合性是指各种生命生存的外部条件的相互融合,包括自然环境,也包括人类这种特殊生命自身创造的景观和形成的文化习俗,其中自然环境是最重要的。因此,桥梁生态美学除直观的自然环境的生态美外,还涵盖了社会文化的生态美等许多内容,而生态美学的核心是人与自然的关系。

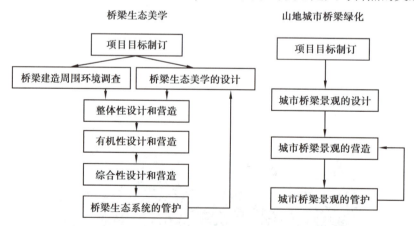

图 4.14　桥梁生态美学与山地城市桥梁绿化营造流程的比较

4.5.2 山地城市桥梁生态美学设计方法

山地城市桥梁多跨江而建,大跨度桥梁因其规模大,常常成为周围环境的核心。桥梁成为环境的主体,环境成为桥梁的衬托,这是山地城市桥梁的显著特点。大跨桥梁的体量越大,其对周围城市景观、自然生态、人文环境的影响范围就越大。山地城市桥梁生态美学的设计方法,包括项目目标制订、桥址区生态环境调查、桥梁生态美学设计、生态景观的整体性设计、工程与环保的有机性设计。

1) 项目目标制订

山地城市具有特殊的地形、地质条件和呈现空间异质性的自然环境,在桥梁景观设计时,应根据桥梁美学的相关原则,以追求主体结构与城市背景环境、桥头引道、桥隧相连及桥头立交、河岸滩涂等景观的连续、统一、和谐为目标。桥梁设计时应巧妙地利用山地地形进行合理布局,使桥梁建筑与山地自然生态相协调,并与城市建筑景观形成错落有致的山城美景。

2) 桥址区生态环境调查

对桥址区生态系统现状进行调查,如气象、土壤、地质、水质、景观、大气、动植物群落等,为桥梁工程的选址和选型设计提供真实、可靠的生态环境数据。通过对上述基础数据的收集,可以明确桥址区域生态系统类型的结构与功能变化、响应机制及其空间分布特征。通过分析桥梁工程建设行为所带来的生态环境问题、成因及其空间分布特征,可以达到对桥址区生态环境敏感性、生态服务功能进行评价的目的。通过比较不同桥位方案、桥梁总体布局形式下河域生态系统的环境敏感性评价结果,可以确定对生态环境影响程度较低的推荐桥位方案和桥梁布局形式。在方案设计阶段,可根据桥址区生态系统功能分区、影响范围、生态防护级别等制订桥梁设计方案及生态防护体系。

3) 桥梁生态美学设计

所谓桥梁生态美学设计,就是强调作为城市独特主体景观的桥梁要体现出:①与山地城市地形、地貌的适合;②对自然景观和生态环境的保护;③对当地人文精神和历史积淀的尊重与共生。

桥梁作为人与城市环境关系的结合点,设计时既要重视桥梁的环境因素,又要注重桥梁建筑艺术设计,还要有创新精神。桥梁与桥位环境融为一体,能唤起人们的环保自觉和美感,具有良好的视觉效果和审美价值,也符合生态、环保的可持续发展理念。

4) 生态景观的整体性设计

整体性生态设计是对桥址区生态环境和景观元素进行综合考虑的设计。设计目标是在桥梁结构、环境景观等局部设计中都能体现出整体、统一的观念。以主跨552 m的世界第一拱桥——重庆朝天门大桥为例,桥梁主体结构采用简洁大气的钢桁架拱桥形式,连接解放碑、江北城、弹子石三大中央商务区。为了使重庆朝天门大桥这一巨型建筑物与环境景观实现有机的融合,而不显得孤立、突兀,在重庆朝天门大桥江北段种植红叶李、桃花、天竺葵等植物,通过对环境的保护和利用,将桥梁与城市背景结合在一起,形成了优美的景观环境。

5) 工程与环保的有机性设计

桥梁工程行为与桥址区自然、生态环境的保护是相互联系的,工程与环保的有机性设计就是强调将桥梁建设行为和桥址区生态环境保护进行有机结合,从对环境影响范围最小、程度最低、时间最短的角度出发开展桥梁工程的设计。在桥梁选址和总体布局的过程中,尽量不改变天然河流的水流方向、不压缩河床宽度,尽量避开桥下湿地、滩涂等生态环境敏感区和动植物保护区。在桥梁平、纵、横剖面设计方面,应尽可能顺应地形,采用以桥(隧)代路的方式,努力避免和减少高填深挖路段长度,以减少对地质环境、生态环境的影响。桥头引道的布线应结合等高线,营造坡地绿化,形成自然优美的岸线。

4.5.3 山地城市桥梁生态美学设计方法的具体运用——以重庆红岩村嘉陵 江大桥为例

1）与山地城市地形、地貌的适配

重庆红岩村嘉陵江大桥(图4.15)位于石门大桥和嘉华大桥之间,在中轴的重要位置上,有地标的作用;大桥被周边环境视点紧密围合,和红岩村景点一起形成了一个受四周观赏的"舞台";周边的高层建筑和山体上的公园,是人们观桥的重要俯视点。桥梁周边高层建筑和山体较多,桥梁设计应充分考虑俯视效果,高度上应与周边环境曲线协调,融入嘉陵江的自然景观。我们对周边立面环境进行了分析,并针对不同的桥型曲线,比较最能融入周边环境的桥型。因此,分别分析了从两岸滨江路、周边桥梁、邻近公园、周边住宅以及红岩村景点看桥的视点,设计中应充分照顾这些可观桥的视点,整体打造桥梁造型(图4.16)。

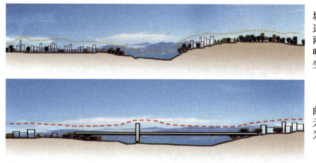

城市总体立面环境周边有山体起伏,由于两岸有高层建筑的影响,形成了较有起伏变化的天际线

曲线条与周边起伏的天际线融为一体,较为柔和

高低塔构成了上下起伏的曲线,与周边环境曲线呼应,形成有节奏的旋律

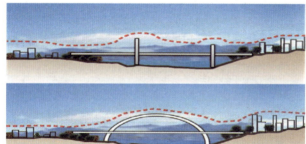

拱桥构成了圆滑的曲线,与周边环境曲线相融

图4.15 重庆红岩村嘉陵江大桥地貌的适配

两岸滨江带的观景桥
周边桥梁上观赏视点
公园观桥视点
周边住宅观景桥（有高层建筑）
红岩村景点观桥视点

图4.16 区域内重要观桥视点分布

2) 生态景观视觉美学理论

工程施工对地表植被的破坏,使施工场所与周边环境景观脱节,对周围人群的视觉产生较大冲击。桥梁构件,如主桥墩对水体的影响会降低整体景观的可观性。隧道洞口工程施工也会扰动岩层,造成水土流失,使景观视觉效果受到影响。

视觉理论研究发现,人眼在垂直与水平方向均为3°界限内所观之影像,会落于视网膜黄斑中央凹处。人眼视野范围只有上下左右约1.5°,这也是最佳视区;垂直方向水平视线30°,水平方向左右15°为良好视线范围;垂直方向水平视线25°~35°,水平方向左右35°为有效视线范围(图4.17)。

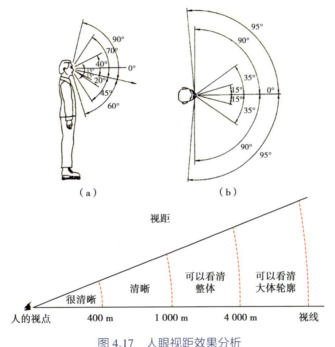

图 4.17　人眼视距效果分析

根据视觉理论和红岩村嘉陵江大桥自身特点可以得出:人的视觉距离有一定限度,超出此限度的物体,人眼将感觉不明显或不能感觉。红岩村嘉陵江大桥的观赏位置决定了无论从大桥的哪一边出发,桥塔在大桥整体景观中都能够看清楚,所以桥塔的造型和细节构造的层次性对整个景观效果起着至关重要的作用。

3) 对自然景观和生态环境的保护

拟建工程采取的环境保护措施如下:

①桥梁设计阶段充分重视嘉陵江水质保护,设计合理的桥梁跨度,尽量减小桥梁工程对河流水文、水流特性的影响。

②在满足通航净空要求的前提下,尽量减小桥梁的纵向坡度,降低汽车爬坡时汽油的消耗量,减少废气排放。

③在方案设计时,重点考虑社会综合效益,做到最大限度地满足当地交通要求,尽量减少大桥建设给城市环境和当地居民的生活环境带来的不良影响。

④对红岩村大桥的护栏作强化设计,排除运营车辆突发事故而失控坠入水体,给水体带

来污染的可能性。

⑤桥梁路面降雨经排水设施处理,进入自然冲沟,避免直接进入水体。

⑥营建防噪绿化林带,对汽车尾气污染物进行阻隔和吸附。加强征地范围内可绿化地段的绿化工作,对路堤边坡、排水沟边等进行统一的绿化工程设计。

⑦对当地人文精神和历史积淀的尊重与共生。

红岩村嘉陵江大桥地处历史文化名城重庆,嘉陵江上、红岩村旁,受到浓厚的红岩文化的影响。红岩村地质为侏罗纪红色页岩,其原名红岩嘴也因此得名。抗日战争期间,中共中央在红岩村成立南方局,并将八路军驻渝办事处设于此处,从此,红岩村这片红色的土地就成为革命的象征。红岩村位于重庆主城红岩文化点的中心位置,是红岩精神的发祥地。

(1)塔形方案一

桥塔的设计灵感来自设计师对"红岩"这种坚定团结、爱国奉献的革命精神的信仰,其基本设计理念也是源自"红岩"片石——桥塔塔身层层叠叠,与红岩片石形态如出一辙,竖向线条肌理还原了红岩片石的原始形态。同时,竖直向上的直线也与不断发展的城市线条相符相称,威严硬朗,彰显出桥塔的挺拔和坚毅,整体造型感十分强烈。

桥塔造型源于鬼斧神工的天生石桥,它历经千年仍岿然不动;塔柱造型源于岁月洗礼的岩石节理,饱受风雨仍风骨犹存;横梁造型源于牢牢拼接的累累块石,铿锵有力又韵律十足;塔身赭红色源于红色页岩的天然本色,热情奔放又庄严典雅。

桥塔整体造型庄重、气势恢宏,彰显出大气磅礴的气势和舍我其谁的魄力。浩气长存的意境,恰能符合本桥所处位置的特殊寓意。

(2)塔形方案二

此斜拉桥的景观设计灵感源自红色文化和红岩精神。高低桥塔迎风相对,塔顶的旗帜分别向嘉陵江两岸飘扬,旨在鼓励人们继承和发扬这种锐意开拓进取的革命精神。重叠向上的桥塔造型展现出挺拔的姿态,用线条勾勒出的岩石形状,象征着重庆人民奋发向上、坚韧不拔的红岩精神。同时,塔顶的红色也是高空中的航标。两端桥头堡的设计采用了红旗的造型,与桥塔遥相呼应。简练而强烈的艺术手法将各种红色文化元素融合在一起,彰显出红岩村大桥的大气优雅,充分体现出革命者的大无畏精神(图4.18)。

4)对生态景观的整体性设计

(1)施工期景观设计

桥梁设计部门在桥梁所经路线设计中,除按照桥梁设计规范及有关标准要求之外,应从美学角度尽可能使公路线型优美自然,使自然景观与工程较好地融为一体,改善景观环境。

在桥梁两侧可视范围内不得开辟影响景观的料场。另外,料场也应避免选择具有观赏价值的景观所在地。建议对料场严格控制,限量开采,采取专项措施予以治理,同时在取料过程中尽可能地开采与桥梁公路背侧的一面,开采结束后,应对开采断面进行修理,以改善景观。

(2)营运期景观设计

工程建成后,呈现在公众面前的是一幅独具现代感的城市道路景观,特别是工程重要组成部分——红岩村大桥建成后形成的桥面景观,桥面结合左、右两岸的立交桥,再加上两岸在建或规划建设的别墅群、园林建筑等新兴景观,整体展现出一种结合现代、和谐、美丽、山水合一的美感。

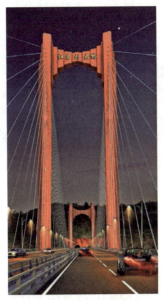

高低塔斜拉桥桥塔　　　　　　　独塔悬索桥桥塔

图 4.18　红色文化元素在桥塔方案中的运用

5) 工程与环保的有机性设计

本项目线路走向主要控制点为柏树堡立交、建新西路立交、红岩村大桥、红岩村隧道及五台山立交等。根据《重庆市城乡总体规划(2007—2020 年)》，将在红岩村附近修建红岩村嘉陵江大桥。在市建委的组织协调下，修建红岩村嘉陵江大桥需满足公轨两用功能，按此思路，对三纵线柏树堡至五台山立交段进行了选线。由于红岩村大桥南北两岸桥头邻近金融街项目用地、瑞安项目用地和红岩村革命纪念馆等重要建(构)筑物，为减小对上述建(构)筑物的影响，考虑了 3 种路线方案进行对比(图 4.19)，而其他路线由于无较强的控制点限制，且其连接的道路均已建成，即立交点位已确定，故未做比选方案。

(1)高低塔斜拉桥(方案 A)

本桥在南岸边跨跨度受到地形限制，红岩村大桥南侧主墩紧靠牛滴路布置，跨过牛滴路与嘉陵路后即与现状地面相接，因此南边跨定为 120 m。北边跨布置主要受北滨路及规划道路影响，同时为满足轨道技术要求，应布置在平面直线段范围内，故边跨长度不大于 225 m。对不平衡边跨来讲，适宜的斜拉桥有高低塔斜拉桥、单塔斜拉桥、斜拉+钢桁梁组合体系。单塔斜拉桥主塔布置于北岸侧，在 375 m 的跨度下北岸边跨压重体量巨大，结构不合理；斜拉+钢桁梁组合体系在结构的过渡段刚度变化过大，无索区较长，钢桁梁段体量大、造价高，整体景观也不协调。而高低塔斜拉桥方案则很好地克服了上述缺陷。经过方案设计比选，高低塔斜拉桥型应用于本桥位技术经济最合理，施工工法成熟，辅以刚劲挺拔的桥塔设计，"安

方案A

方案B

方案C

图 4.19　重庆红岩村大桥桥型方案比选

全、实用、经济、美观"综合评估最佳,因此本次设计高低塔斜拉桥为推荐方案。

（2）中承式拱桥（方案 B）

拱桥也可以满足本桥跨径要求,如重庆菜园坝长江大桥,主跨达到 420 m。从景观角度考虑拱桥也有其特点,立面上线型富于变化,有韵律感。但本桥北岸地形开阔,桥面高出北滨路 50 m,距江面高达 70 m;而南岸则毗邻陡坡,三纵线在南桥头直接进入隧道。此处如采用上承式拱桥,由于拱跨结构的影响,需要增大跨径才能满足通航要求,从而导致工程费用的增加。如采用下承式拱桥,则主体结构对整个江面视线,特别是南侧的遮挡效应过于显著,严重影响整体景观效果。因此本次设计考虑中承式拱桥方案为比选方案。

（3）独塔地锚式悬索桥（方案 C）

根据主缆锚固方式的不同,悬索桥分为地锚式和自锚式两种。自锚式悬索桥将主缆直接锚固在主梁端部,主梁承受主缆的水平分力,不适合于桁梁结构。在施工时主梁必须首先在支架上架设完毕,然后再安装主缆,施工对航道的影响较大。因此本桥方案不宜采用自锚式悬索桥的结构形式。

本桥桥位处基岩力学性能良好,满足修建地锚式悬索桥的条件。与其他桥型相比,通常来讲地锚式悬索桥在本桥跨度经济性能处于劣势。但本桥南桥头与轨道5号线红岩村车站相接,通过与轨道设计专业人士的共同深入研究,确认车站的明挖施工方案,为在此设置悬索桥锚碇提供了良好的先决条件,可大幅减少填挖方量;同时,巧妙利用车站作为锚碇的压重组成部分,有效降低锚碇体量,改善悬索桥的经济性能。经过方案比选,考虑南岸边跨的限制,采用独塔地锚式悬索桥,在刚度标准上可满足轨道交通各项指标要求;在经济性能上与拱桥相仿,低于斜拉桥方案;在景观上与周围环境匹配,对江面视线影响最小;施工工艺成熟。因此本次设计采用独塔地锚式悬索桥为比选方案。

经综合比选,尽管方案A主桥长度较方案B、方案C略长,投资有所增大;但从环保角度考虑,房屋拆迁量少,实施难度较小,对金融街项目用地、瑞安项目用地及红岩纪念馆带来的影响小,故方案A较优。

4.6 小结

支撑桥梁生态美学理论的学科涉及众多,如景观学、桥梁工程学、美学等,山地城市桥梁建设其问题也较多,本章总结了山地城市桥梁建设中影响城市生态美学的各个因素,提出解决方案,在山地城市桥梁生态美学系统整体功能方面体现了整体性的设计思维特性,为山地城市桥梁生态美学的构建提供了很好的指导作用。

从现阶段的发展来看,由于受到技术水平等因素的制约,大多数以"生态""绿色"为主题的桥梁与生态设计体现出生态经验主义的倾向。覆土、桥梁绿化是这一倾向的常见表现形式,在形态上符合人们对生态的审美观念,而实际的生态效果并不显著。随着人们在山地建筑活动的增加,希望建造绿色、生态的建筑物与山地生态相契合,这在一定程度上促成了山地桥梁设计的地景化。本节根据山地城市的特殊性,利用生态美学的原理,提出了山地城市桥梁生态美学营造的原则和方法,并以红岩村嘉陵江大桥为例,具体论证了山地城市桥梁生态美学设计方法。

5 山地城市桥梁生态美学评价指标体系

当代美学正沿着"主体性美学(实践美学)—主体间性美学(后实践美学)—整体性美学"的路线发展,而当代生态美学正是在生态文化观念影响下所形成的整体性美学。

山地城市桥梁生态美学的评价是一项复杂而又系统的工作,需要考虑以下 3 个方面:一是山地城市的特殊性,山地城市空间地域受限,具有集中与分散相结合的布局结构;二是桥梁设计的生态性,即桥梁与周围环境、地域特色、生活习俗是否一致;三是其自身的景观性,即桥梁设计的桥型、色彩、结构等美感问题。桥梁的功能性,即山地城市桥梁设计是否合理、能否与环境相协调,主要取决于选择山地城市桥梁生态美学评价指标的合理性及科学评价方法。

5.1 桥梁生态美学评价指标体系的研究进展

5.1.1 指标与指标体系的含义

指标是一种承载物体特质及信息的工具,其发展变化可为人所知悉,并可以传递关于复杂系统的信息。指标具有以下基本特征:有确定的含义,易理解,易说明,易量化;指标能反映事物的关键因素,与时间有关,事物一旦变化即能从指标上明显看出。

指标体系是指标组成的有机整体,可显示事物的很多侧面。多元统一的指标体系较之单一指标,可以将事物全面特征都反映出来。这种指标体系应有一个主题或核心,各个指标围绕它建立,彼此之间相互联系但不相互重复。

5.1.2 研究进展

目前,对桥梁生态美学的评价基本是定性的描述,评价的内容主要包括:
①生态与桥梁的一体性,即空间生态系统是否能与自然生态以及人文生态相融。
②生态美与桥梁美的综合性,即桥梁与生态的和谐。
③生态的合理性与健康性。生态的合理性重在评价物种之间的生态关系,以及绿化与

桥梁之间的相互作用机制,而生态的健康性则是由生态系统的合理性决定的。

④生态的可持续性,主要评价生态系统的自我恢复能力。

山地城市桥梁生态美学评价理论是建立在以下3个理论基础之上的:

①生态的可持续理论。该理论重在阐明生态是具有效益、功能和美学价值的,因此该理论认为,生态美学在营造时应当强调社会效益、生态功能和给人类的直觉效果。

②空间生态和空间分异理论[40]。该理论认为,一个地理环境单元中会衍生出多个条件相异的环境,而在不同的环境中又会产生不同的生态群落,这些生态群落都生长在该地理环境单元中,形成了一个统一的生态系统。从种群到群落再到生态系统都依附于空间特征,这些空间特征即是空间生态系统的直接反映。在这种空间生态系统中,有水平和竖直两个方向的水热分配,形成了生态因子在空间中分异的现象,这个现象决定了空间生态的形成格局。

③人居环境和建筑协调理论[41]。该理论强调人与生态的相互作用,并且这种相互作用的关系应科学、健康、合理且可持续,形成人地协调、共生互赢的格局。人居环境和建筑协调理论实质上是人类行为的一个标准,人类行为的合理性可由人居环境和建筑协调理论来评价。

山地城市桥梁生态美学评价指标体系的构建,其最终目的是为山地城市桥梁生态美学的营造服务的,其指标应当从模拟自然环境、生态系统、美学效果等方面综合考虑,并能指导规划和建设。本书将讨论如何实现这3个方面的内容。

5.2 山地城市桥梁生态美学评价指标体系的构建

5.2.1 构建的原则

山地城市桥梁生态美学评价作为城市桥梁设计工作之一,其根本任务就是建立一套可以对山地城市桥梁生态美学进行合理评价的指标体系,揭示现有山地城市桥梁景观生态美学中存在的问题,为山地城市桥梁的设计和确定生态美学发展的方向提供参考。

建立本体系需遵守的原则如下:

1)科学性原则[42]

以科学为基础,确立权重系数,选取数据,以公认的科学方法为依托。指标的采用尽可能完整齐全,评价指标体系要能真实地反映出山地城市桥梁生态美学的特征和价值,充分运用建筑学、生态学、美学等相关理论知识,科学地反映山地城市桥梁生态美学的着重点。

2)层次性原则[43]

从方法论角度看,解决复杂问题时,一次性洞悉问题的全部细节是很困难的,为将复杂的问题简单化,通常将问题分成多个层次逐步深入,使问题考虑得更全面、更细致。指标体系的构建也是如此,在构建过程中可分为高低两层指标,将高层指标进行解构得到低层指标,再将低层指标进行总结归纳得到高层指标。

3)可行性原则[44]

构建本体系的最终目的是服务于政策制度和科学管理,因此可操作性是一项基本原则。这一原则应在设计时就充分考虑,选取的指标应具有相当的可取性、可比性、可测性、可控性等。第一,在指标的采集过程中要选取那些可以正确反映山地城市桥梁生态美学内涵的指标;第二,在计算方法上要采用国际国内行业标准,使构建的指标体系可以真实有效地为业内人士提供参考。

4)系统性原则[45]

山地城市桥梁生态美学不能单一地从某个方面去评价,需整体考虑包括城市景观在内的所有元素,使之成为一个系统,全面客观地反映整个山地城市桥梁景观的生态性和美观感受。

5)定性结合定量指标的原则[46]

指标需量化才能做到真正的客观,但生态美学是抽象的,它本身包含着一些难以量化却又意义重大的指标,此时可以用定性指标来描述。

5.2.2　构建方法

1)层次分析法[47]

层次分析法是将构筑物的多个指标进行分析评价,达到定量与定性相结合的一种决策手段。该方法是20世纪美国著名学者Thomas Satty提出来的。主要特点是把复杂的问题用数学的方法解决,在处理复杂的决策问题上具有实用性和有效性。数学方法是确立多要素权重的科学方法,同时也为决策者提供了解决复杂问题的一种思路,即将决策过程模型化、数量化。

该方法的具体实施步骤如下:首先把复杂问题进行分解,在这个基础上再将其分支因子列出,其次思考和分析各因子之间相对的重要关系,最后得到整个层级结构中相对重要性的总顺序。这种方法的理论符合逻辑、操作易于上手,定性与定量有机结合,统一处理,是一种科学地确定因素重要性的方法。

2)频度统计法[48]

频度统计法是搜集与研究问题相关的文章、报告等进行频度统计,采用其中频度较高的作为备选指标。山地城市桥梁生态美学评价指标体系运用这种方法,采集国内外景观城市生态性发展及审美研究为依据来选取指标,本方法在研究过程中并非占主导地位,故忽略介绍。

3)理论分析法[49]

理论分析法是指通过现有知识理论,对研究的问题进行分析,从原理上寻找可能的指标。本处主要是对山地城市、桥梁、生态等概念在本质和内涵上进行分析和综合,选择那些意义重大、针对性强且能反映本质的指标。

4) 专家咨询法[50]

专家咨询法是在上述两种方法提出的山地城市桥梁生态美学评价指标的基础之上,根据专家意见咨询的结果,对指标进行综合调整。

上述各种方法均有自身的适用范围和优缺点,因此,在本指标体系构建过程中将几种方法综合运用。

在本研究中,首先选取山地城市桥梁景观评价指标,初步形成山地城市桥梁景观评价指标体系。山地城市桥梁景观系统层次众多,目标众多,因而其复杂性也大,需要请各个研究领域的专家对指标进行筛选,使山地城市桥梁评价指标体系得到优化,然后再将初选的指标进行单个测试,最后再整体测试。

单个测试是分析所选指标数值获取的可行性和合理性,如果指标很难取得或者需要很高的费用,均可摒弃。

整体测试针对选取出指标的完备性、必要性及重要性进行科学测试。

(1)完备性

完备性是指指标体系是否全面正确地反映评价任务,可通过定性分析判断。

(2)必要性

必要性是指整个山地城市桥梁景观评价的指标是不是必不可少的,可用相关系数检验。

通常情况下,指标与指标之间会存在一些相互关联,因而在数据分析时需排除重叠项,否则会影响计算结果,因而需用简单相关系数对各指标之间的关联性进行计算。

简单相关系数[51]:

$$r_{ij} = \frac{\sigma_{ij}^2}{\sigma_i \sigma_j}$$

式中　r_{ij}——指标 i 和 j 的相关系数;

　　　σ_{ij}^2——两个指标协方差;

　　　σ_i——指标 i 的标准差;

　　　σ_j——指标 j 的标准差。

(3)重要性

重要性是指将无关紧要的评价指标去除,保留重要指标,可用德尔菲法。

①集中度:

$$\hat{E}_i = \frac{1}{p} \sum_{j}^{5} E_j n_{ij}$$

式中　$\hat{E}_i$——第 i 个专家意见集中度,大小决定指标重要程度,也代表 p 名专家对需要评价事物的期望值;

　　　E_j——第 i 个指标第 j 级重要程度的量值;

　　　n_{ij}——确立评为 j 级的 i 个指标专家人数。

②离散度:

$$\sigma_i = \sqrt{\frac{1}{P-1} \sum_{j=1}^{5} n_{ij}(E_j - \hat{E}_i)^2}$$

式中 σ_i ——专家对第 i 个指标重要程度评价的分散程度。

其他字母含义同上。

③协调度,用变异系数 V 和协调系数 K 表示:

$$V_i = \frac{\sigma_i}{\hat{E}_i}$$

式中 V_i ——专家对第 i 个指标评价协调程度。

$$K = \frac{12}{P^2(M^3 - M)} \sum_{i=1}^{M} (\hat{E}_i - \hat{E})^2$$

式中 K ——专家对所有评价整体指标协调的程度;

$\hat{E}$ ——所有指标集中程度的均值,即

$$\hat{E} = \frac{1}{M} \sum_{i=1}^{M} \hat{E}_i$$

σ_i 参数值小时,K 值就会大,当专家意见协调程度达到一定程度时,即 $\hat{E}_i$、σ_i、K 值达到相对标准时,将进行后一轮咨询。在满足要求的基础上以最后一轮 $\hat{E}_i$、σ_i、K 值为参考筛选指标,确立最后的指标体系。

5.2.3 指标的选取

在山地城市桥梁生态美学的评价指标提取过程中,应当广泛研究与山地城市桥梁生态美学相关材料,收集决定和影响山地城市桥梁生态美学的因素,并对这些因素进行筛选。从生态学和景观美学两个方面对山地城市桥梁的生态美学进行综合评价。

评价指标的方法有很多,有专家咨询法、分析法、问题法、目标法、范围法等,本研究内容在这里选取的是目标法和分析法相结合的方法。

首先,选取山地城市桥梁生态美学构成要素进行分析,并采用目标法确定山地城市桥梁生态美学评价的两个方面,即山地城市桥梁景观美学、山地城市桥梁生态环境,来建立山地城市桥梁生态美学评价指标体系,其流程如图5.1所示。

山地城市桥梁生态美学构成要素分析:

生态美学是跨学科综合应用学科,它的理论核心是自然美、技术美、功能美和生态美。对于山地城市桥梁来说,生态美学研究的对象包括以山、水、造型、平面布置和色彩装饰等为元素的山地城市桥梁建筑的景观美,桥梁自身功能之美以及艺术中的生态之美。

1) 山地城市桥梁生态构成要素分析

探究山地城市桥梁生态性要从两个时期考虑:①桥梁建设期,由于施工及开挖的影响,导致周边植被面积减少,污染严重,水土也相应流失,临近的历史人文景观及自然景观也可能遭到破坏;②桥梁运营期,周边已被破坏的植被未能恢复,可能面临外来物种侵入,以及滑坡、泥石流等自然灾害。生态环境所受到的伤害来源包括两个方面:一是来自人类的伤害;二是来自自然本身的伤害。因此,在评价生态系统的稳定程度时,将考虑选取包含以上因素的参数作为指标。

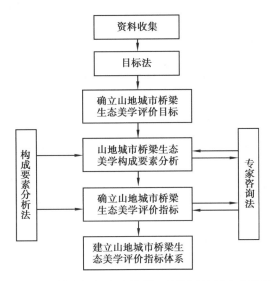

图 5.1　山地城市桥梁生态美学评价指标体系建立流程图

2) 山地城市桥梁景观美学构成要素分析

山地城市桥梁景观是多层次多景象的,具体包括桥梁建筑与山体多层次多维度景观、城市建筑与江湖相映衬景观以及人工构筑物与自然地形相适应的边坡等。同时,山地城市桥梁本身也如同一座城市雕塑艺术品般,具有丰富的观赏效果,包括色彩和材质、结构体系、整体与局部比例、照明、与周围环境的协调一致性,以及它自身承载的文化与地域特色。

从以上分析可以得出,研究山地城市桥梁生态美学指标体系可以从生态学和美学两个目标层出发,生态学以桥梁建设期的外部影响与运营期的生态补偿为准则层,美学以山地城市桥梁造型与山地城市桥梁景观为准则层。选取了人类活动对生态系统的作用、自然灾害对生态系统和桥梁结构的影响、生态补偿度、山地城市桥梁色彩与材质的选择、山地城市桥梁选址的合理性及结构优化程度、桥梁结构与山地城市景观协调度、绿化的景观水平、山地城市桥梁夜景照明、山地城市桥梁人文倡导与风俗特色所占比重 9 个三级指标(表 5.1)。

表 5.1　山地城市桥梁生态美学评价指标

目标层 A	准则层 B	指标层 C
生态学	建设期的外部影响	人类活动对生态系统的作用
		自然灾害对生态系统和桥梁结构的影响
	运营期的生态补偿	生态补偿度
美学	山地城市桥梁造型	山地城市桥梁色彩与材质的选择
		山地城市桥梁选址的合理性及结构优化程度
	山地城市桥梁景观	桥梁结构与山地城市景观协调度
		绿化的景观水平(植物的层次、颜色搭配)
		山地城市桥梁夜景照明
		山地城市桥梁人文倡导与风俗特色所占比重

5.2.4 指标的权重

采用层次分析法获取山地城市桥梁生态美学评价指标体系各级指标的权重。层次分析法步骤如下：

1)建立层次结构模型

建立层次结构，首层为目标层，中间为约束层，最后一层为指标层。

2)构造成对比较矩阵

根据上级指标的重要程度将各层次元素两两比较，用成对比较法和Saaty 1~9比较尺度构造成判断矩阵。

3)计算权向量且做一致性检验

（1）计算权向量

$$M_i = \prod_{j=i}^{n} b_{ij}(i = 1,2,3,\cdots,n; j = 1,2,3,\cdots,n) \tag{5.1}$$

计算 M_i 的 n 次方根 $\overline{W}_i$：

$$\overline{W}_i = \sqrt[n]{M_i}(i = 1,2,3,\cdots,n) \tag{5.2}$$

获取特征向量，$\overline{W} = (\overline{W}_1, \overline{W}_2, \overline{W}_3, \cdots, \overline{W}_n)^T$，对向量作归一化处理：

$$W_i = \frac{\overline{W}_i}{\sum_{i=1}^{n} \overline{W}_i}(i = 1,2,3,\cdots,n) \tag{5.3}$$

取得所求的特征向量 $W = (W_1, W_2, \cdots, W_n)^T$。

计算判断矩阵的最大特征根

$$\lambda_{\max} = \sum_{i=1}^{n} \frac{(AW)_i}{nW_i}(i = 1,2,3,\cdots,n) \tag{5.4}$$

这里 $(AW)_i$ 表示向量 AW 的第 i 个元素，A 表示判断矩阵。

（2）一致性检验

按以上步骤求得最大特征根后进行一致性检验，要求计算 $CR = \dfrac{CI}{RI}$，其中 $CI = \dfrac{\lambda_{\max} - n}{n-1}$，RI为随机一致性指标，通过判断矩阵的随机一致性指标（RI值）进行一致性检验（表5.2），当 $CR \leq 0.1$ 时，说明各层次分析、指标权重分配合理。

表 5.2　平均随机一致性指标值

N	1	2	3	4	5	6	7	8	9	10	11
RI	0	0	0.58	0.90	1.12	1.24	1.32	1.41	1.45	1.48	1.51

4)计算组合权向量并做组合一致性检验

从最高层次逐层向下直至最低层，计算最低层对最高层因素的组合权重。若 B 与 C 是上下层关系,B 层包括 m 个因素 $B_1,B_2,B_3,\cdots,B_m$,该层的总排序权值为 $b_1,b_2,b_3,\cdots,b_m$,C 层包含 n 个因素,这 n 个因素对 B 层的某因素 B_j 的层次单排序权值为 $c_{1j},c_{2j},c_{3j},\cdots,c_{nj}$(当 C_k 与 B_j 无关时,$c_{kj}=0$);B 层权重 $b_1,b_2,b_3,\cdots,b_n$ 的计算按此式: $b_i = \sum\limits_{j=1}^{n} b_{ij}a_j$,$i=1,2,3,\cdots,n$,则 C 层次排序权值见表5.3。

表 5.3   总排序矩阵

C 层 ＼ B 层	B_1 b_1	B_2 b_2	B_m b_m	C 层总排序权值
C_1	c_{11}	c_{12}	c_{1m}	$\sum\limits_{j=1}^{m} c_{1j}b_j$
C_2	c_{21}	c_{22}	c_{2m}	$\sum\limits_{j=1}^{m} c_{2j}b_j$
C_n	c_{n1}	c_{n2}	c_{nm}	$\sum\limits_{j=1}^{m} c_{nj}b_j$

B 层总排序随机一致性比率为:

$$CR = \frac{\sum\limits_{j=1}^{m} a_j CI_j}{\sum\limits_{j=1}^{m} a_j RI_j}(j=1,2,3,\cdots,m) \tag{5.5}$$

式中 CI_j——B 层的 m 个因素中第 j 个因素对于 A_j 的单排序一致性指标;

RI_j——相应的平均随机一致性指标,当 $CR \leqslant 0.1$ 时,一致性检验通过,表示可以按照组合权向量的结果进行决策,否则应从构造判断矩阵开始重复上述过程。

5)指标体系各层按照组合权重综合计算

$$s = \sum_{i=1}^{n} W_i \cdot P_{i(v)}(i=1,2,3,\cdots,n) \tag{5.6}$$

式中 W_i——指标层相对于目标层的综合权重;

$P_{i(v)}$——第 i 的计算值;

S——指标体系综合值。

5.2.5 评价指标体系的构建

对山地城市桥梁生态美学的评估包含山地城市桥梁整个生命周期,不仅关系到桥梁建设期活动,还关系到桥梁建成后运营的管理及审美。因此,山地城市桥梁生态美学评价指标体系是一个非常复杂的系统,包含了许多美学和文化方面的因素,很难选择一个确定的指标对之进行评价,更谈不上将其指标量化。因此,在评价桥梁生态美学时不得不舍弃一些非主要的指标,建立一个操作方便、实用有效且能达成目标的评价体系。该体系不必包罗万象,只需切中要害,在选择指标时务必进行合理优化。生态美学评价指标体系研究的关键在于全面反映桥梁建筑对桥址区生态环境的影响程度、与环境协调的程度、设计方案是否符合大众的审美要求。

运用层次分析法构建山地城市桥梁生态美学评价指标体系层次结构。下面以山地城市桥梁生态美学评价组成的指标赋权重计算过程为例来说明层次分析法的赋值过程。

1) 建立层次结构模型(表 5.4)

表 5.4　层次结构模型

桥梁景观 B_4	与山地城市景观协调度 C_1(桥梁选址合理性)
	绿化的景观水平(植物的层次、颜色搭配)C_2
	夜景照明设计 C_3
	人文倡导和风俗特色的体现程度 C_4

2) 构造成判断矩阵(表 5.5)

表 5.5　判断矩阵

层次	C_1	C_2	C_3	C_4
C_1	1	4	4	3
C_2	1/4	1	1	1
C_3	1/4	1	1	1
C_4	1/3	1	1	1

3) 经过计算得出权向量并且对其进行一致性检验

(1)权向量计算过程

①对矩阵各行进行乘积计算:

$$M_1 = 1 \times 4 \times 4 \times 3 = 48$$

$$M_2 = \frac{1}{4} \times 1 \times 1 \times 1 = \frac{1}{4}$$

$$M_3 = \frac{1}{4} \times 1 \times 1 \times 1 = \frac{1}{4}$$

$$M_4 = \frac{1}{3} \times 1 \times 1 \times 1 = \frac{1}{3}$$

②对 M_i 开 n 次方根进行计算,即 $\overline{W}_i = \sqrt[4]{M_i}$,结果如下:

$$\overline{W}_1 = 2.632\ 148, \overline{W}_2 = 0.707\ 107, \overline{W}_3 = 0.707\ 107, \overline{W}_4 = 0.759\ 836$$

③对向量 $\overline{W} = [\overline{W}_1, \overline{W}_2, \overline{W}_3, \overline{W}_4]^{\mathrm{T}} = [2.632\ 148, 0.707\ 107, 0.759\ 836]^{\mathrm{T}}$ 正规化处理,即

$$W_J = \frac{\overline{W}_J}{\sum\limits_{j=1}^{4} \overline{W}_j}$$

由此得:

$$\overline{W}_1 = 0.547\ 7, \overline{W}_2 = 0.147\ 1, \overline{W}_3 = 0.147\ 1, \overline{W}_4 = 0.158\ 1$$

④计算判断矩阵的最大特征根 $\lambda_{\max}$：

$$AW = \begin{bmatrix} 1 & 4 & 4 & 3 \\ 1/4 & 1 & 1 & 1 \\ 1/4 & 1 & 1 & 1 \\ 1/3 & 1 & 1 & 1 \end{bmatrix} \times \begin{bmatrix} 0.547\ 7 \\ 0.147\ 1 \\ 0.147\ 1 \\ 0.158\ 1 \end{bmatrix}$$

由此得：

$$AW_1 = 2.198\ 9, AW_2 = 0.589\ 3, AW_3 = 0.589\ 3, AW_4 = 0.634\ 9$$

$$\lambda_{\max} = \sum_{i=1}^{n} \frac{(AW)_i}{nW_i} = 4.010\ 356$$

（2）一致性检验

$$CI = \frac{\lambda_{\max} - n}{n - 1} = \frac{4.010\ 356 - 4}{4 - 1} = 0.003\ 452$$

当 $n = 4$ 时，$RI = 0.9$，

$$CR = \frac{CI}{RI} = \frac{0.003\ 452}{0.9} = 0.003\ 836 < 0.10$$

所以构造的判断矩阵所求得的权重分配是合理的。

4）计算组合权向量并做组合一致性检验

计算组合权向量并做组合一致性检验，检验公式见式（5.5），组合一致性检验结果 $CR = 0.007\ 423 < 0.10$，所以通过一致性检验可按组合权向量所示的结果进行分配。

对各指标实测值和权重结合后求和，即为山地城市桥梁生态美学综合评价的值。各指标最终的组合权重计算结果如表 5.6 所示。

表 5.6　指标权重值

指标层	准则层				权重 λ
	B_1	B_2	B_3	B_4	
	0.16	0.14	0.26	0.24	
C_1	0.47				0.02
C_2	0.22				0.033 5
C_3		0.33			0.07
C_4		0.6			0.055
C_5			0.41		0.033
C_6			0.23		0.055
C_7				0.17	0.041
C_8				0.23	0.068
C_9				0.41	0.081

根据公式 $\sum_{i=1}^{n} \lambda_i = 1$，将表 5.6 所得指标权重值代入公式，得出标准化权重值，如表 5.7 所示。

表 5.7　标准化指标权重值

C_i	0.02	0.033 5	0.07	0.055	0.033	0.055	0.041	0.068	0.081
W_i	0.04	0.075	0.15	0.12	0.075	0.12	0.09	0.15	0.18

5.3　山地城市桥梁生态美学综合评价指标体系指标获取方法

5.3.1　基础数据处理

本书构建的山地城市桥梁生态美学评价指标体系设置了 3 个准则层,分别以 A、B、C 为代号,指标层的 9 个三级指标从不同方面反映了山地城市桥梁生态美学的特征。为了使设置的 9 个三级指标具有可比性和区分度,研究者对每个指标进行了标准化处理,使其转化为 [0,1] 区间内的数值。指标的获取在参考了国内外相关研究成果的基础上,采用定性与定量的方法,尽可能地引用桥梁设计和生态美学方面的国家、地方、行业有关标准。

5.3.2　评价指标的获取

山地城市桥梁生态美学分别设置了生态学和美学两个二级指标,其中生态学设置两个准则层,分别为建设期的外部影响和运营期的生态补偿;美学也设置了两个准则层,分别为山地城市桥梁造型与山地城市桥梁景观。随后,又在各指标层的基础上设置了人类活动对生态系统的作用、自然灾害对生态系统和桥梁结构的影响、生态补偿度等 9 个三级指标:

1) 生态学指标层

(1) 建设期的外部影响

• 人类活动对生态系统的作用

生态系统的稳定程度取决于受人类活动和自然灾害的伤害后能够自我恢复和保持可持续的新陈代谢能力,这种能力越强,整个生态系统的稳定性就越强。因此,人类活动对生态系统的作用这个指标根据专家咨询赋值如表 5.8 所示。

表 5.8　人类活动对生态系统的作用指标标准值

人类活动对生态系统的作用	对生态系统的影响	赋值
保护生态系统	正影响	1
践踏护坡植物	轻度负影响	0.8
践踏护坡植物,污染环境,程度较轻	一般负影响	0.5
践踏护坡植物,污染环境,程度较重	重度负影响	0

● 自然灾害对生态系统和桥梁结构的影响

自然灾害主要是指暴雨、狂风等引发的洪水淹没、泥石流淹没等。山地城市自然灾害受地形影响也较平原地区发生频繁,因此山地城市桥梁在建造时也要重点考虑自然灾害对它所处生态系统的影响,具体根据专家咨询赋值,如表5.9所示。

表5.9 自然灾害对生态系统和桥梁结构的影响指标标准值

自然灾害	对生态系统和桥梁结构的影响	赋值
无自然灾害	正影响	1
轻度暴雨、大风	轻度负影响	0.75
重度暴雨、狂风	一般负影响	0.45
暴雨淹溺、狂风摧毁、泥石流淹没等	重度负影响	0

(2)运营期的生态补偿

● 生态补偿度

桥梁作为大型公共建筑物,一般是由政府出资建设,人民群众是最大的受益者。桥梁生态补偿主要是由政府直接向生态系统服务的提供者进行补偿。生态补偿要遵循公平性、效率性和可持续性原则,根据桥梁建设的不同环境背景,补偿内容和方式往往存在着很大的差别,跨江桥梁的生态补偿、跨山谷桥梁的生态补偿以及占用农田的桥梁生态补偿之间都存在显著的不同。因此,应根据各生态领域的特点,设计符合地域要求且切实可行的生态补偿机制,以保证生态补偿的执行达到预期的效果。

山地城市因地形的特殊性,常使得景观被河流与山脉分割而断裂,动物的迁移往往也会受到阻隔。因此,在桥梁施工开始之前,要对生物群落进行生态系统调查,避开生物产卵和洄游期,减少对周边土壤和植被的破坏。桥梁运营阶段的桥梁生态系统监测与评价要相应加强,以保证出现问题时可以提出及时补救措施,也可以为后建的桥梁工程提供一定的理论支撑给和评价供给。

因而生态补偿度在这里也作为山地城市桥梁生态美学评价指标列入。咨询专家意见赋值,如表5.10所示。

表5.10 生态补偿度指标标准值

桥梁生态补偿度	生态美学	赋值
很好	景观连续,无污染,植物郁闭度高	1
较好	景观连续,无污染,植物郁闭度较好	0.7
一般	景观连续,有污染,植物郁闭度低	0.4
差	景观断裂,有污染,植物不具备郁闭度	0

2）美学指标层

（1）山地城市桥梁造型

• 山地城市桥梁色彩与材质的选择

在桥梁景观中，桥梁不是孤立地成为人们的视觉对象，而是需要与周围的景观并存，因而其产生的视觉心理感受也是影响评判桥梁美观的重要因素之一。陈艾荣在《桥梁结构艺术：认识、创造与评价》一文中说道：桥梁的色彩要与周围环境协调；色彩应具有地域性、主题性，要符合当地的地域文化，从视觉上体现结构的功能美；涂装的漆料应能防止构件材料裸露在空气中发生锈蚀；应利用色彩诱导，突出桥梁的标志和象征作用；应在不易注意的位置涂装安全色，提醒行人注意；利用色彩的心理效应，防止驾驶员的视觉疲劳。针对以上内容，本书将色彩与材质作为山地城市桥梁生态美学评价指标之一，咨询专家赋值如表 5.11 所示。

表 5.11　山地城市桥梁色彩与材质的选择指标标准值

山地城市桥梁色彩与材质的选择	观赏效果	赋值
色彩与周围景观和谐，体现地域文化，涂装具有安全感，材质抗腐性强	极佳	1
色彩与周围景观和谐，涂装具有安全感，材质抗腐性较强	较好	0.75
色彩与周围景观和谐，材质抗腐性较弱	一般	0.45
色彩与周围景观不和谐，材质抗腐性弱	差	0

• 山地城市桥梁选址的合理性及桥梁结构优化程度

山地城市的桥梁修建在很大程度上受地质条件、地形地貌的影响，在这种特殊环境下的桥梁选址好坏直接关系到这座桥梁的成败。一个失败的选址方案是任何桥梁结构优化方案都无法弥补的，合理的选址在整个山地桥梁修建中至关重要，因此这里将山地城市桥梁合理选址作为评价山地城市桥梁生态美学的指标之一，咨询专家赋值如表 5.12 所示。

表 5.12　山地城市桥梁选址指标标准值

山地城市桥梁选址合理性	合理性	赋值
符合山地城市规划和桥位自然地质条件，与周边景物呼应	具有多种观赏特征	1
符合山地城市规划和桥位自然地质条件，与周边景物略有呼应	观赏特征较多	0.75
符合山地城市规划，桥位自然地质条件一般	一般	0.4
不符合山地城市规划和桥位自然地质条件，与周边景物没有呼应	较差	0

（2）山地城市桥梁景观

• 桥梁结构与山地城市景观协调度

山地城市的分布有其特殊性，桥梁选型要符合美学规律，比如"一桥一景""统一布局"，还要与山地城市周边错落有致的高层建筑物协调一致且受力合理。具体来说，山地城市景观实则没有规则，这就是自然的特性，或者山地城市的特殊性。作为设计人员要通过自己的审美知识,设计出让人舒适且与环境相融的山地城市桥梁。因而我们咨询专家将此项指标赋值,如表5.13所示。

表5.13 桥梁结构与山地城市景观协调度指标标准值

桥梁结构与山地城市景观协调度	生态美学	赋值
选型、结构设计符合美学规律并与景观和谐且有创意	创意佳,层次分明,整体美感好	1
选型、结构设计符合美学规律,与景观和谐较好	层次比较分明,整体美感较好	0.7
选型、结构设计与景观和谐一般	层次不太分明,整体美感一般	0.4
选型结构不符合美学规律	整体上不能给人美感	0

• 绿化的景观水平

山地城市桥梁绿化的景观水平由植物观赏丰富度、颜色搭配以及季节变化的不同风貌来达到美观效果,这就必须种植多样植物来达到景观的丰富度,植物物种的数量多少直接反映了植物的多样性。本研究采用了Simpson多样性指数来计算和说明植物的多样性,该指数有两个重要的参数:一个是植物物种的总数目,另一个是某个个体物种数目在总物种数目中所占的比例。其计算公式如下:

$$D = 1 - \sum_{i=1}^{s} (p_i) \tag{5.7}$$

式中 D——植物的多样性;

　　　s——绿化植物种类的总数目;

　　　p_i——第i个种类在整个植物群里所占比重。

D代表绿化植物种类多样性为实际测出值,区间在[0,1]之间,其数值越靠近1,说明乡土植物所占比例越高,生态绿化的地域性特征就越明显。在此项指标中,我们结合专家意见赋值,如表5.14所示。

表5.14 绿化景观水平所占比重标准值

植物多样性及丰富度	生态美学	赋值
很好	与环境协调、种类丰富、色彩丰富	1
较好	与环境协调,种类丰富,色彩单一	0.7
一般	与环境协调,种类单一,色彩无变化	0.4
差	与环境不协调,种类单一,色彩无变化	0

• 山地城市桥梁夜景照明

现代城市夜景已成为城市景观的一个重要部分,好的夜景照明可以直接反映一座城市文化内涵的精髓,并与整个城市景观相融相生,这是现当代城市桥梁的照明设计发展的大势所趋。山地城市桥梁夜景照明映衬着周边的山体与江河,其艺术观感则更为强烈,因而对其创造性的发挥更有余地。我们咨询专家将此项指标赋值,如表5.15所示。

表 5.15　山地城市桥梁夜景照明标准值

桥梁夜景照明	生态美学	赋值
很好	与桥主体呼应,塑造夜景形象、节能、环保,突出桥梁重点	1
较好	与桥主体呼应,塑造夜景形象、节能、环保	0.7
一般	与桥主体呼应,塑造夜景节能、环保一般	0.4
差	与桥主体呼应,塑造夜景形象、节能、环保差,未能突出桥梁重点	0

- 山地城市桥梁人文倡导与风俗特色所占比重

桥梁生态美学的设计必须要注重人文倡导和风俗特色的体现,确保桥梁系统与山地城市的适应性。本研究在评价指标的选取时,用桥梁地域性所占的比重反映山地城市桥梁的景观美学程度,山地城市桥梁人文景观与风俗特色所占比重越大,山地城市桥梁地域特色就越明显,具体咨询专家赋值,如表 5.16 所示。

表 5.16　山地城市桥梁人文倡导与风俗特色所占比重标准值

山地城市桥梁人文倡导与风俗特色		地域特征	赋值
山地城市桥梁人文风俗	大于 50%	十分明显	1.00
	大于 30%	较明显	0.65
	大于 10%	具有地域特征	0.30
	大于 5%	不具有地域特征	0.20

5.3.3　评价指标的分值

$$S = \sum_{i=1}^{n} W_i P_{i(v)} \, (i = 1, 2, 3, \cdots, n) \tag{5.8}$$

式中　W_i——整个体系中与目标层对应的指标层总权重;

　　　$P_{i(v)}$——指标依次类推第 i 个的计算值;

　　　S——整个指标体系的总和。

5.3.4　评价指标的评价等级

根据以上评价指标的分值计算方法,确定评价分值大于 0.70 为最优(Ⅰ)等级,小于0.34为最差(Ⅴ)等级,具体如表 5.17 所示。

表 5.17　评价等级表

评价分值	>0.70	0.59~0.70	0.47~0.58	0.34~0.46	<0.34
评价等级	Ⅰ	Ⅱ	Ⅲ	Ⅳ	Ⅴ

5.4　小结

　　本节从山地城市的特殊性入手,对桥梁生态美学的评价方法和指标获取进行了细致的分析。从山地城市桥梁的生态美学体系出发,生态学以建设期的外部影响和运营期的生态补偿为准则层,美学以山地城市桥梁造型与山地城市桥梁景观为准则层,并以各准则层下的人类活动对生态系统的作用、自然灾害对生态系统和桥梁结构的影响、生态补偿度等 9 个三级指标,构建了山地城市桥梁生态美学评价指标体系,并确定了山地城市桥梁生态美学的评价等级,研究制订了符合要求的山地城市桥梁生态美学评价指标体系。

6 重庆市桥梁生态美学评价

　　中国桥梁分布最多的城市要数享有"桥都"美誉的重庆,众多桥梁坐落在主城两江沿岸的景观带上,组成山地城市山水相连、桥隧相连的独有景观。重庆在城市规划时提出对长江沿线 572 km 地带打造其独有的山地城市生态景观,主要内容包括绿色景观、城镇景观、重点针对性的景观。作为大跨径跨江大桥,无论是材料还是形状,都会极大地吸引人们的目光,因此现在的桥梁设计不仅要与周边景色相融,同时还要考虑其生态性,不能在建造过程中破坏周边的生态环境,影响生物群落的发展。

　　本研究选择重庆 6 座典型桥梁(悬索桥、斜拉桥、拱桥各 1 座,梁桥 3 座),将山地城市桥梁生态美学的评价指标体系应用其上,对桥梁生态美学评价指标体系进行检验,也为桥梁生态美学的营造提供一种新的思路和方法。

6.1　重庆概况

　　伴着重庆主城车辆迅猛增多,市民上下班高峰时段将迎来堵车的新常态,根据 2015 年媒体公布的数据,重庆的机动车大约有 400 多万辆,2020 年机动车数量增长更为迅猛。道路的增长远远赶不上车辆的增长速度。造成重庆堵车的原因有以下几个方面:

　　①重庆主城地形被长江和嘉陵江隔断,江北到渝中半岛或南岸区的车辆必须过桥,导致交通流向过江大桥上集中汇流,因而过江大桥变成了交通的集中堵点。

　　②原本已建道路两旁高楼过密,道路过窄无预留地可扩宽。

　　③五大商圈的建立加大了拥堵程度。

　　④一些道路、桥梁和隧道的规划建设不合理,导致车辆通行能力不匹配。

6.1.1　地理位置、地形地貌

　　重庆主城区位于四川盆地东南部,川东平行岭谷与川中丘陵、川南山地的结合部位。由"平行岭谷"组成主要境内地形,由西向东依次有自北向南延伸的缙云山、中梁山、铜锣山、明月山等平行带状低山山脉,海拔 500~900 m,其中部分较宽阔的丘陵地带海拔只有 200~500 m。长江、嘉陵江流经重庆主城区,将其在地理上划分为三大片区,即半岛片区、江北片区、南岸片区。长江由西南向东北,嘉陵江由北向南,二者汇于重庆朝天门。重庆主城区的地形及嘉陵江、长江的分布如图 6.1 所示,主城区是名副其实的"山城"和"江城"。

图 6.1　重庆[　　　　　　　　]河流分布图

"山城"重庆地势起伏,地貌分[　　　　　　　　]东南部海拔多在 1 500 m 以上,而西部丘陵海拔只有 300~400 m[　　　　　]丘陵为主;不同地区的地貌形态组合差异较大,如华蓥山—[　　　　]釜山至方斗山之间为平行岭谷区;喀斯特地貌分布广泛且多样,[　　　]喀斯特槽谷奇观[52]。除此之外,还有溶洞、洼地、石林等典型的喀斯特[　　　]、南地区。

6.1.2　气候、土壤条件

位于北半球亚热带内陆的重庆,可用几句俗谚描述其气候特征:春早气温不稳定,夏长酷热多伏旱,秋凉绵绵阴雨天,冬暖少雪云雾多。重庆年平均气温为 18 ℃,7、8 月气温多在 27~38 ℃,是名副其实的"火炉"。重庆雨季绵长,尤多夜雨,夏秋时节总能趁着夜色听雨声。重庆也称"雾都",年均雾日达 68 天,主要集中于秋末至春初,也是我国日照最少的城市之一。重庆三面环山,平时多无大风,只有在夏季雷阵雨天气时常伴有大风,风速可达 10~27 m/s。

由于重庆市独特的地形条件和气候条件,土壤长期处于幼年阶段。这种土壤直接受母岩影响,含原生矿物比例高,有十分明显的粗骨性,形成的土壤中夹杂大量未风化完全的页岩或泥岩。这种土壤土层薄,易受冲刷侵蚀,不宜种植农作物,是一种低产土壤。

6.1.3　绿化情况

重庆特殊的地形条件决定了在城市建设中,易形成大面积挡墙、高切坡、高墩桥及自然山体崖壁等现象,这些部位由于土少、水稀、肥薄而成为绿化难点,现在通常采用挡墙立面、桥下空间进行绿化,形成石缝式、挂网式、方格网和退台式等特殊空间绿化建设模式(图6.2)。国家统计局 2012 年发布的报告显示,城市建成区绿化覆盖率和城市建成区绿地率两项指标,重庆市都排名前四位,其中人均公园绿地面积达到 18.13 m²,位居全国榜首,成为唯一一个三项指标都进入全国前五位的地区。

图 6.2　重庆常用空间绿化植被

6.2　研究方法

6.2.1　研究对象

重庆作为桥梁之都几乎囊括了所有桥型,本研究选取悬索桥、斜拉桥、拱桥各 1 例,梁桥 3 例作为代表进行评价,分别为寸滩大桥、两江大桥、菜园坝长江大桥、悦来大桥、中坝大桥和影视城大桥。

寸滩大桥是一座主跨 880 m 的钢箱梁单跨悬索桥,是重庆主城第 27 座特大型跨江大桥。寸滩长江大桥南起弹子石,北接渝长高速跑马坪立交,位于大佛寺长江大桥下游约 3 km 处。正桥长约 1 000 m,为四纵道路网络组成部分,也是主城直达机场 T3 航站楼的城市快速路上的重要节点工程。

两江大桥将渝中半岛东水门和千厮门与两岸相接,又名东水门长江大桥和千厮门嘉陵江大桥。两座大桥将弹子石片区、江北城片区和解放碑 CBD 连成一线,使重庆的两大繁华商贸区和一大交通枢纽串于一条主干道上。弹子石坐落于长江以东,在朝天门与江北城隔长江相望。解放碑、朝天门两大繁华商贸区位于长江和嘉陵江的交汇处,目前小什字—解放碑—朝天门地区已逐步发展成为全市的商贸中心,大型商场、零售商店及金融机构云集,构成商贸与旅游共同发展的城市中心区。作为重庆城市最早发源地之一的江北城距江北国际机场约 20 km,距龙头寺铁路客运站约 3 km,往西 3 km 处为观音桥中心区。

菜园坝长江大桥北接向阳隧道口的立交,南接苏家坝,整条线路过江后直穿隧道经花园路、大石路接于大石立交,全线长约 7 km,是重庆城区主干线。大桥连通渝中区和南岸,便利了两地的经济和交通。菜园坝长江大桥距上游的鹅公岩大桥约 4 km,距下游的石板坡长江大桥约 2 km,满足了城市桥梁建设的要求。

悦来大桥又称嘉悦大桥,东接悦来组团,西临北碚蔡家组团,它的修建使北部新区与北碚蔡家组团联系更加紧密,缩短了北碚区与主城区的距离。该桥是重庆城市快速路系统"五横、六纵、一环、七联络"中"一横线"的一部分,是重庆城市总体规划中跨越嘉陵江的重要节点工程。

中坝大桥是重庆浪琴游艇俱乐部有限公司开发的旅游项目中的一部分,由于巴南区移民局和政府本已打算恢复巴南区木洞中坝岛功能,为了方便交通,契合重庆浪琴游艇俱乐部开发旅游项目的需求,便经市移民局批准由巴南区政府委以浪琴游艇俱乐部有限公司作为业主实施该项目,并对景观提出更高要求。

影视城大桥的修建是为连通重庆由东至西的快速通道,桥址在机场东联络线北线东段,该路段隶属龙盛中心区域,与国际影视城相连(图6.3)。

图6.3 重庆部分桥梁分布图

6.2.2 重庆市桥梁生态美学系统数据采集

对重庆市6座桥梁数据采集时间为2015年,首先向重庆市建委和重庆林同棪国际工程咨询有限公司了解6座大桥的总体情况,包括桥型桥位、色彩的选取、绿化情况、夜景照明、生态补偿中如何预防自然和人为灾害、桥位选择等,其次对6座桥梁选取样地进行观测研究。通过向林同棪国际(重庆)工程咨询有限公司专家咨询并在他们的指导下得到以下数据(表6.1)。

获取以上各座样桥的指标特征值后,请林同棪国际(重庆)工程咨询有限公司邓文中工作室专家们给9个指标打分,满分为1分(表6.2)。

表 6.1　研究样桥各指标特征值

样地号 No.	指标								
	建设期的外部影响		运营期的生态补偿	山地城市桥梁造型		山地城市桥梁景观			
	人类活动对生态系统的作用	自然灾害对生态系统和桥梁结构的影响	生态补偿度	山地城市桥梁色彩与材质的选择	山地城市桥梁选址的合理性及结构优化程度	桥梁结构与山地城市景观协调度	绿化的景观水平(植物的层次、颜色搭配)	山地城市桥梁夜景照明	山地城市桥梁人文倡导与风俗特色所占比重
1	0.054 7	0.048 2	0.084	0.114 4	0.105 3	0.133 2	0.060 2	0.068 8	0.046 6
2	0.051	0.054	0.455	0.049	0.046	0.043	0.139	0.119	0.07
3	0.054 7	0.048 2	0.084	0.100 1	0.093 6	0.114 2	0.051 6	0.060 2	0.038 8
4	0.018 2	0.020 6	0.028	0.085 8	0.081 9	0.076 1	0.043	0.051 6	0.023 3
5	0.045 6	0.041 3	0.07	0.100 1	0.081 9	0.114 2	0.043	0.060 2	0.031 1
6	0.023	0.044	0.046	0.033	0.016	0.030	0.069	0.072	0.070

表 6.2　基于生态美学评价指标体系下重庆 6 座桥梁各指标评分值

指标层 C	寸滩大桥	菜园坝长江大桥	两江大桥	悦来大桥	中坝大桥	影视城大桥
人类活动对生态系统的作用 C_1	0.6	0.4	0.5	0.6	0.4	0.7
自然灾害对生态系统和桥梁结构的影响 C_2	0.7	0.6	0.6	0.7	0.2	0.5
生态补偿度 C_3	0.6	0.6	0.5	0.6	0.6	0.4
山地城市桥梁色彩与材质的选择 C_4	0.8	0.9	0.7	0.7	0.5	0.6
山地城市桥梁选址的合理性及结构优化程度 C_5	0.9	0.9	0.7	0.8	0.4	0.5
桥梁结构与山地城市景观协调度 C_6	0.7	0.8	0.6	0.6	0.5	0.6
绿化的景观水平(植物的层次、颜色搭配) C_7	0.7	0.5	0.5	0.6	0.8	0.4
山地城市桥梁夜景照明 C_8	0.8	0.7	0.7	0.7	0.3	0.8
山地城市桥梁人文倡导与风俗特色所占比重 C_9	0.6	0.8	0.4	0.5	0.6	0.8

最后综合评价值由 $S = \sum_{i=1}^{n} W_i P_{i(v)} (i = 1,2,3,\cdots,n)$ 计算如下：

重庆寸滩大桥：

$$S = 0.04×0.8+0.075×0.7+0.15×0.6+0.12×0.8+0.075×0.9+0.12×0.7+0.09×0.7+$$
$$0.15×0.8+0.18×0.8$$
$$= 0.032+0.053+0.09+0.096+0.068+0.084+0.063+0.12+0.144$$
$$= 0.75$$

菜园坝长江大桥：

$$S = 0.04×0.4+0.075×0.6+0.15×0.6+0.12×0.9+0.075×0.9+0.12×0.8+0.09×0.5+$$
$$0.15×0.7+0.18×0.8$$
$$= 0.016+0.045+0.09+0.108+0.068+0.096+0.045+0.105+0.144$$
$$= 0.72$$

重庆两江大桥：

$$S = 0.04×0.5+0.075×0.6+0.15×0.5+0.12×0.7+0.075×0.7+0.12×0.6+0.09×0.5+$$
$$0.15×0.7+0.18×0.7$$
$$= 0.02+0.045+0.075+0.084+0.053+0.072+0.045+0.105+0.126$$
$$= 0.625$$

重庆悦来大桥：

$$S = 0.04×0.6+0.075×0.7+0.15×0.6+0.12×0.7+0.075×0.8+0.12×0.6+0.09×0.6+$$
$$0.15×0.7+0.18×0.5$$
$$= 0.024+0.053+0.09+0.084+0.06+0.072+0.054+0.105+0.09$$
$$= 0.632$$

重庆木洞中坝大桥：

$$S = 0.04×0.4+0.075×0.2+0.15×0.6+0.12×0.5+0.075×0.4+0.12×0.5+0.09×0.8+$$
$$0.15×0.3+0.18×0.6$$
$$= 0.016+0.015+0.09+0.06+0.03+0.06+0.072+0.045+0.108$$
$$= 0.496$$

重庆影视城大桥：

$$S = 0.04×0.7+0.075×0.5+0.15×0.4+0.12×0.6+0.075×0.5+0.12×0.6+0.09×0.4+$$
$$0.15×0.8+0.18×0.8$$
$$= 0.028+0.038+0.02+0.072+0.038+0.072+0.036+0.12+0.144$$
$$= 0.568$$

根据表 5.17 评价等级表得出 6 座大桥生态美学评价等级（表 6.3）。

表 6.3 基于生态美学评价指标体系下重庆 6 座桥梁的评价

类别	寸滩大桥	菜园坝长江大桥	两江大桥	悦来大桥	中坝大桥	影视城大桥
综合评价值	0.715	0.713	0.587	0.645	0.49	0.578
评价等级	I	I	II	II	III	II

6.3 重庆市桥梁生态美学系统数据分析

本研究在评价重庆市桥梁生态美学时从生态学和美学两个 A 层指标进行考察,通过对表 6.2 中 6 座桥梁 9 个三级指标的分析,发现 6 座桥的评价分值较为集中也较为理想,基本分布在 0.49~0.73 区间内。

下面以寸滩大桥、两江大桥、菜园坝长江大桥和中坝大桥 4 座桥梁为例,对山地城市桥梁生态美学指标体现进行实证分析。

6.3.1 寸滩大桥的生态美学评价分析

寸滩大桥生态美学指标评价分值为 0.715,等级范围为Ⅰ级。

1) 美学指标体现(6 个)

(1)桥梁选型结构优化与山地城市景观协调度

通常情况下,在已有桥梁的水系上,相近区域桥梁会看成一个整体景观来布局,从美学构成原则来说,设计方案会出现两种构成模式:

①整个水域上的桥梁是按同一序列整体出现,即所有桥梁为同一类型桥梁,在满足交通通行功能时,呈现整体和序列的视觉美感。

②打破水系上的平淡,产生丰富的城市景观多样性,即"一桥一景"原则。

寸滩大桥为悬索桥,其上游 5.5 km 的朝天门长江大桥为拱桥,其上游 2.5 km 大佛寺大桥为斜拉桥,符合"一桥一景"的美学原则(图 6.4)。

图 6.4 寸滩大桥悬索桥与斜拉桥方案对比
[来源:林同棪国际(重庆)工程咨询有限公司]

寸滩大桥不仅满足了桥梁选型指标,在结构的设计上也满足了生态美学的指标。寸滩大桥为充分利用现有过江高压铁塔,尽量减少不必要的拆迁,在原设计的基础上,利用悬索桥独特的缆索结构和过江铁塔的特点,南岸向东偏移 18 m,北岸在与跑马坪相接位置将

4 000 m 圆曲线向大桥方向进入 55 m,使悬索有了 0.38 m 的偏移量,但圆曲线依然在安全范围内,并不影响整个桥梁结构受力和外表美观,也无须增加资金,将过江铁塔合理利用,体现了经济性和生态性。

(2)夜景照明

大桥桥面道路照明的灯杆置于桥两侧机动车道上,为了达到桥梁的夜景照明不造成有害眩光、不干扰各种信号灯的识别,每杆选配 1 盏截光型 400 W 高压钠暖色灯具。为了使灯具与桥梁形态、规模和环境相协调,灯杆设于桥面两侧机动车道防撞栏杆旁,为双侧对称布置,灯高 13 m,间距约 30 m,纵向的均匀度和诱导性都较好,将桥面行车空间连成一条光明的廊道,给人充分的通达和安全感,与桥梁结构造型融为一体。另外,各灯均配有变功率镇流器,深夜车少人稀时,自动降低光源功率,以节省用电量,道路照明采用智能化控制,在保证其适用美观的同时,充分体现其生态环保的一面。大桥用点光法在每个平台上方安装一盏 23 W 节能灯,灯色偏暖,加强流动感和连续感,勾画出主塔形体轮廓,给人以明确的独具标志性的空间印象。钢箱梁每间隔 3 m 安装 3 盏 23 W 节能灯,混凝土箱梁两侧边箱每间隔 10 m 左右安装 1 盏 23 W 节能灯,每间隔 40 m 左右增设一个电源插座箱;电源插座箱可给临时增设的照明或小型电动工具供电,南、北岸锚室内安装有 36 W 荧光节能灯具和电源插座。如此设置能更好地突显出桥梁的轮廓。

(3)色彩涂装

寸滩大桥作为悬索桥桥型,空间立体感最强部位为塔和索,为使其突出醒目,本方案采用红白相间方案配色设计。桥梁主塔外围用红色包边,为主塔的稳重中增添了一抹俏丽,与红色主缆的纤细相对,突出了主塔的稳重和灵动,主缆的柔美和力感,桥梁结构被简化为主塔、主缆和桥面,简洁大气;主塔中部白色与桥梁上下部结构、白色建筑物以及背景的蓝天白云形成一种协调呼应关系,使红色的突出效果比较柔和且不显突兀。整个桥梁配色符合城市桥梁色彩设计原则,也给人美的享受。具体塔和主缆着色比选方案如图 6.5 所示。

图 6.5　寸滩大桥塔和主缆着色比选方案

[来源: 林同棪国际（重庆）工程咨询有限公司]

（4）人文倡导和风俗特色的体现

寸滩大桥在人文倡导和风俗特色的体现程度上也颇有建树。重庆是西部地区经济、金融、文化中心，也堪称西部门户，寸滩大桥作为通往机场的快速通道，又是重庆向国际开放的门户，因此寸滩大桥在景观立意上便定位为"城市之门"。主塔设计上采用了具有巴渝建筑风格的门字形牌楼，包含"开放门户，承古开今"之意。塔顶以巴蜀文化寓意大江奔流不息，延绵流长的回形纹组成"门"字笔画，以及代表重庆火爆性格的红色，均展示了浓郁的地方文化特色[53]（图6.6）。

图6.6 寸滩大桥塔和主缆人文体现

[来源：林同棪国际（重庆）工程咨询有限公司]

（5）山地桥梁选址的合理性

寸滩大桥勘察周边地形起伏不断且高差大，低至 152 m，高至 307 m，沿线地貌各不相同，归纳下来有长江河谷岸坡和构造剥蚀丘陵两种地貌。长江河谷岸坡地貌在 K2+800～K4+040 段，形态为不对称 U 形，宽 840～900 m，走向平直，两岸漫滩平缓狭小，堆积阶地区南岸为堆积岸；北岸为冲刷岸，坡角为 15°～40°，河流相对切割深度 30～40 m，河流纵坡 1%～2%。构造剥蚀浅丘地貌在 K0+160～K2+800 和 K4+040～K4+200 段，沟槽与丘包受岩性和地质构造控制，呈现相间排列，局部为丘间坦坝，顺向坡坡角一般为 10°～30°；反向坡坡角一般为 20°～35°。全段线路中线地面标高为 213～306 m，相对切割深度一般为 20～30 m。

桥址河段上起大佛寺大桥，下至母猪碛滩尾，长约 3.2 km。该河段河型弯曲，河槽宽浅，深槽由大佛寺大桥处的河心偏右逐渐过渡至紧贴左岸，然后基本沿左岸下。右岸边滩发育，滩面高 2～4 m，当河道流量超过 10 000 m³/s 时边滩开始被淹没。在大佛寺大桥桥位附近，受左右岸石梁控制，主流基本从河心下，其后河道开始逐渐向右转弯，主流逐渐偏离河心，过渡至左岸寸滩集装箱码头区前沿，主流顶冲点随着流量的增加而逐渐上移，洪水期寸滩集装箱码头区前沿流速可达 3 m/s 以上，弯道水流特性较为明显。

经过上面的分析，大桥桥址选定距上游已建的大佛寺长江大桥约 3 km，下距寸滩港区 1.2 km。大桥左岸连接江北区港城工业园区，右岸接南岸弹子石。此桥位两岸接于交通繁盛的地段，缓解了两处的交通压力，满足了桥梁建设的初衷；桥位所在之处河流走向较平直，河床较宽，水流稍缓，对桥梁墩台的冲刷作用较小，基础较稳定。由此可以得出桥位的选择经过多方反复考证是合理的。桥区河段河势及选桥位平面布置如图 6.7 所示。

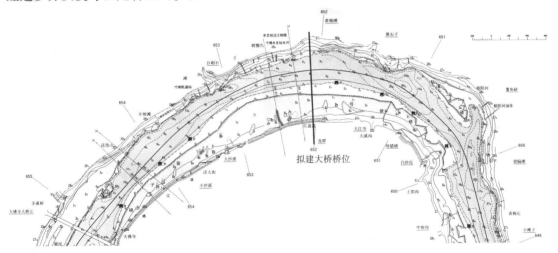

图 6.7　寸滩大桥桥位图

[来源：林同棪国际（重庆）工程咨询有限公司]

（6）绿化的景观水平

大桥区域内种植了大面积的乔木和灌木，为使色彩在四季产生不同效果，还搭配种植了色相变化丰富的阔叶树，形成错落有致又通透封闭完美结合的布局，充满生机。在桥面及通行道路上种植了隔音效果较好的景观植物，既美化了景观，又达到吸收噪声的效果，一举两得。桥台附近按一定比例关系利用不同的植物进行了色彩搭配，图案漂亮简洁，与立面绿化装饰着混凝土桥台，与平面绿化形成错落有致的景观效果。因此寸滩大桥在绿化指标这一方面也做得相对不错。

2)生态补偿(3个)

人类活动及自然灾害对生态系统的破坏主要集中在桥梁的建设阶段。由于我国的桥梁建设还未成功地在施工期贯彻绿色环保的概念和具体实施措施,业主和施工单位对这方面的关注也较少,因此施工期间人类活动对生态环境的破坏以及施工诱发的自然灾害不仅缺乏评价,甚至缺少记录。因此,本书不做分析。然而这一点是我国桥梁建设的一大缺憾,笔者希望广大学者多进行这方面的研究,将此缺憾补齐。

寸滩大桥在护坡上采用生命力强的植物扦插、种植,不仅丰富了景观种类,更重要的是加固和稳定了边坡,有效地控制了水土流失,实现了生态修复。在材料涂装上采用具备超强防腐能力的涂装方式,钢桁架表面涂装丙烯酸聚氨酯面漆,以应对重庆多酸雨的天气。

通过以上分析,寸滩大桥在对美学指标中人文倡导和风俗特色的体现、桥梁结构与山地城市景观协调度、山地桥梁选址的合理性、山地城市桥梁色彩与材质的选择、山地城市桥梁夜景照明、绿化的景观水平6个三级指标都有很好的体现,在生态补偿中的最后一个三级指标也做了一定的措施,因而总体生态美学评价可以达到Ⅰ级。

6.3.2 两江大桥的生态美学评价分析

两江大桥生态美学指标评价分值为0.587,等级范围为Ⅱ级。

1)美学指标体现(6个)

(1)桥梁选型结构优化与山地城市景观协调度

两江大桥上游有菜园坝长江大桥,下游有朝天门长江大桥,其桥型均属拱桥。从景观协调一致的角度考虑,选用拱桥方案可以与环境相融,终因菜园坝长江大桥和朝天门长江大桥在拱桥的艺术表现高度而没选用拱桥方案。

两江大桥位于渝中半岛顶端位置,拥有全市的商贸中心,区域内有小什字小商品市场、三峡博物馆(图6.8)、解放碑步行街(图6.9)、朝天门广场及规划展览馆等一系列商贸、商务、旅游点,将重庆市著名的休闲娱乐区南滨路、江北城以及江北商务新区连成一体。重庆市两个著名的地标建筑:一是重庆民俗文化及民俗建筑的代表洪崖洞(图6.10),有着典型古重庆风格的建筑群;二是具有400年历史的文化古建筑湖广会馆(图6.11),两者都是重庆最著名的人文景点及旅游胜地。由于其重要的地理位置以及周边极其广阔的可见度,将桥位设在此,不仅对轨道6号线的顺利实施有着重要的作用,同时可以带动周边地区商务休闲的迅速发展。

图6.8 三峡博物馆

图 6.9　解放碑步行街

图 6.10　洪崖洞

图 6.11　湖广会馆

两江大桥桥位设于此,必将在风景如画的两江口新添一处亮丽的风景。长江和嘉陵江在这里汇成一体,形成两江绕城的独特景观;同时这也是一个景观敏感性非常高的地区,如何使两江大桥减少对周边环境带来的负面影响,发挥出桥梁景观改善城市景观积极的一面,这是设计者必须认真思考的问题。

设计单位提出了悬索桥与部分斜拉桥两套方案。

①悬索桥方案:

悬索桥因为锚固方式不同,可以分为地锚式悬索桥和自锚式悬索桥。地锚式是在桥头的两端设置锚碇,自锚式是依托主梁自身将主缆直接锚固在主梁两端,可以不用再另外建造庞大的锚碇系统,且可修建大跨径桥梁。目前最大跨度的自锚式悬索桥为主跨 385 m 的旧金山奥克兰海湾大桥。

两江大桥以渝中半岛为轴,形成对称关系,在长江和嘉陵江汇合的主江面上形成非常完美的镜像画面,同时两江四周高密度的高层建筑相互层叠,与悬索桥的竖向吊杆形成丰富的契合关系,不但为重庆夜景更添一景,还使整个江面更加整洁单纯,减少了其他因素的景观影响。在美学上,这对悬索桥方案协调一致,通透应景,非常具有吸引力。

②斜拉桥方案:

斜拉桥方案实施始于 20 世纪 60 年代,发展于 90 年代,特点是跨度大,可超过 1 000 m,造型美观,主要体现在主梁、主塔和斜拉索上,已成为当下桥梁建设的主流。现重庆市采纳斜拉桥方案的桥梁有大佛寺长江大桥、乌江二桥等,其中大佛寺长江大桥为双塔双索面斜拉桥,乌江二桥为高低塔单索面斜拉桥。斜拉桥可以通过布置桥塔来满足桥面宽度、景观及跨度等要求,以达到造价和美观的和谐统一,应用非常广泛。

根据塔的构造斜拉桥可分为常规斜拉桥、部分斜拉桥和矮塔斜拉桥。其中,嘉陵江上的嘉悦大桥就是一座矮塔斜拉桥,主跨 250 m。两江大桥做常规双索面斜拉桥方案考虑时,密集的斜拉桥拉索容易形成一个大的索面,对周边景色的阻挡明显,同时相互交错的双索面会将江上的景观分割,使桥位景色的连续性遭到破坏,因而常规的双索面密索斜拉桥方案不宜采用。人们转而考虑作单索面稀索斜拉桥方案,这种方案减少了拉索的数量,使江面景观非常通透,同时因为双层交通需要 12 m 的主梁桁高,这么高的主梁具备竖向抗弯刚度非常好。另外根据轨道交通线路技术标准,底层桁架横向有 13 m,因而主梁桁架结构抗扭性能特别好,给单索面稀索结构的部分斜拉桥方案提供了良好的前提条件。此方案利用主梁减少索的数量,造价降低,江面景观也达到很好的协调性。

基于以上因素考虑,大桥桥型选择单索面稀索结构的部分斜拉桥方案可行。

两江大桥作拱桥桥型方案考虑时,因上游有菜园坝长江大桥,下游有朝天门长江大桥,其桥型均属拱桥,从景观协调一致的角度考虑,选用拱桥方案可以与环境相融,但考虑到菜园坝长江大桥与朝天门长江大桥已将拱桥的柔美和雄壮体现至极,另在短距离内修建相同的拱桥方案形式也略显单一,因此拱桥方案不宜考虑。

重庆市最大的桥梁设计公司林同棪国际根据以上分析,分别设计了悬索桥方案与部分斜拉桥方案,最后客户选用实施的是部分斜拉桥方案(图 6.12)。

根据通航和地质条件的要求,东水门长江大桥和千厮门大桥的主跨分别不能小于 445 m 和 340 m。在千厮门大桥的渝中半岛一侧,其边跨布置受限,因此只能采用独塔形式。桥塔外轮廓呈水瓶状,同橄榄叶状的内部造型搭配,与两江口灵秀风光完美匹配。东水门长江大桥采用双塔结构,与千厮门大桥单塔既不雷同又互相协调,东水门大桥主跨 448 m,一跨过江,仅在江中碛坝处设立主墩,新建桥梁对现有航运条件没有影响,同时也满足 320 m 的通航净宽要求;千厮门大桥采用在江中设立主墩,两侧主跨均为 344 m 的布跨形式,在洪崖洞侧不设立桥墩,避免了现有航运码头的搬迁和桥墩对洪崖洞景观的遮挡,其效果如图 6.13 所示。

图 6.12 两江大桥悬索桥与斜拉桥方案对比
（右为东水门长江大桥，左为千厮门嘉陵江大桥）
［来源：林同棪国际(重庆)工程咨询有限公司］

图 6.13 两江大桥全景图

（2）夜景照明

两江大桥照明系统布置如下：

主塔：根据主塔上部曲线造型呈一颗巨大水滴，表意天降圣水，同时为不破坏主塔整体性，所有灯具均装置在与主塔挨着的钢桁架上，将主塔的韵律感很好地表现出来。

斜拉索：下部采用窄光束 250 W 投光灯由下至上顺拉索方向照射，并内置防眩光遮光罩解决眩光问题。

斜腹杆：两江大桥夜景照明不仅华丽在塔和索上，在斜腹杆上也做了点睛之笔。首先用一盏 150 W LED 放置于外立面，再用两盏 50 W LED 设计于两旁，丰富了整个桥梁夜景照明的空间感，使桥梁夜景照明看上去更具层次性，既兼顾最佳观赏角度又实现了夜景照射效果。

（3）色彩与材质的选择

两江大桥在进行色彩设计时除应考虑桥梁本身色彩的美观性外，还要与相邻桥梁协调。现有桥梁色彩多为部分涂装，以灰、红为主，红(橘红)多为突出桥拱，而两江大桥主塔为高耸天梭造型,为强调主塔与四周高层建筑呼应,主塔设计时通过对比,在主塔与桥墩的色彩比选中选用了雅灰色,配以国际橙(拉索与梁),在蓝天的映衬下那抹橙点缀其间,突显两江大桥的桥梁景观,雅灰色与其一起构成整个区域景观,建筑物及青灰色的山体轮廓线相融合,构筑了山地城市特有的景观美(图6.14)。

图6.14　两江大桥色彩比选

(4)人文倡导和风俗特色的体现

两江大桥人文景观的体现主要包括:桥塔为天梭形状,其不远处的朝天门长江大桥如一织布机,取织女下凡织衣之意,而且桥塔顶部的收束效果,给人向上的精神诱导,鼓励人们积极向上;主桁和拉索呈现出直线线形,直线具有刚直、坚硬、明确之意,而重庆又是山城码头文化,重庆市民也大多性格耿直泼辣,因而这种设计巧妙地体现了山城文化的特点。

(5)山地桥梁选址的合理性

嘉陵江和长江汇聚,重庆主城被分成3个区间。为使城市拥堵情况减缓,重庆建造了6号线轻轨。重庆市轨道6号线是连接北碚、渝北、江北、渝中及南岸区的重要交通线网的主要骨架,东水门长江大桥与千厮门大桥是为轨道6号线顺利过江而设,经多方面考察,其桥位选择在长江和嘉陵江的交汇处。重庆市两个著名的地标建筑,一个是重庆民俗文化及民俗建筑的代表洪崖洞,有着典型古重庆风格的建筑群,另一个是具有400年历史的文化古建筑湖广会馆,都是重庆最著名的人文景点及旅游胜地。由于其重要的地理位置以及周边极其广阔的可见度,将桥位设在此,不仅对轨道6号线的顺利实施有着重要的作用,同时可以带动周边地区商务休闲的迅速发展。同时,两座大桥布置在渝中半岛的尖端,将渝中半岛的中央商务区与北部新开发的江北商务区及位于长江南岸的休闲娱乐区域连接在一起。

（6）绿化的景观水平

两江大桥连接重庆市重要的风景区和商业区，景观绿化不仅要考虑与风景区的和谐，还要兼顾商业区的现代气息。千厮门嘉陵江大桥在洪崖洞旁跨嘉陵江，接渝中半岛的隧道，洪崖洞强调吊脚楼的特色景观，因此岸边的绿化以低矮、通透为主，将洪崖洞的奇异景色完全展现出来；东水门长江大桥连接的主要是商业区，因此绿化景观以供人们休憩娱乐、放松心情为主，也要具有一定的时代感，因此，两岸的绿化基本由整齐的草坪、修剪成一定形状的低矮灌木和高大的乔木组成，物种多样且通透性好，视野开阔而不单一，自然中带着浓厚的人文审美情趣。

由上可知，两江大桥的景观绿化设计是根据周围的实际需求，既满足了绿化的景观美，也与周围的建筑环境、人文环境达到了和谐，包含了自然和人文两方面的美，绿化的景观水平比较高。

2）生态补偿（3个）

两江大桥的修建不仅需要在功能上沟通三地交通，还要成为融合两江四岸景观的纽带。因为桥位所在位置江面宽阔，靠渝中半岛区域高楼林立，山地地形造成城市落差大，因而两桥的建造应尽量减少江面上靠近渝中区的构筑物，避免对渝中半岛整体生态环境的破坏，同时也能使新建桥梁与当地的景观融为一体。设计时为了尽可能减少对周边生态的破坏，保持城市原有的风貌与景观特色，在两江大桥的设计中提出了桥隧一体化的设计理念，其基本方案如图6.15所示。

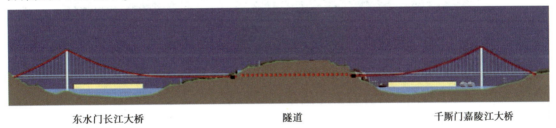

东水门长江大桥　　　　　　　隧道　　　　　　　千厮门嘉陵江大桥

图6.15　两江大桥桥隧一体化设计理念

连接两江的隧道离地面最大距离约40 m，向北在沧白路与千厮门大桥接拢，南部沿线有陕西路、道门口、新华路等地，为不对楼群密布的小什字产生影响，用明挖段施工两头、暗挖段施工中间的方法来开挖隧道，针对暗挖段爆破区采用控制爆破震速的技术，保证施工过程不对周边生态产生破坏作用（图6.16）。

以上分析显示，重庆两江大桥在桥梁生态美学的美学指标上都有很好的体现，尤其在桥梁结构与山地城市景观协调度和山地城市桥梁色彩与材质的选择两方面做了大量的工作，取得了很好的效果；在生态指标上更是做出了很大努力，在设计和施工中都充分考虑到尽量减少对环境的破坏：若采用桥隧一体的方案，大大减少了对山体植被的破坏，锚碇的设计也使得开挖量减少，维护了生态和景观两方面的和谐。隧道施工中还考虑了废水的处理，在生态补偿各指标上都下了很多功夫。

（a）千厮门嘉陵江大桥端洞口效果图

（b）东水门长江大桥端洞口效果图

图6.16　渝中连接隧道洞口效果图

6.3.3　菜园坝长江大桥的生态美学评价分析

1）美学指标体现（6个）

（1）桥梁选型结构优化

菜园坝长江大桥在选型指标的体现分值最高,是因为在本方案选型过程中,调用国内外桥梁专家,对梁、拱、刚架、悬索几种桥型进行反复比选最终确定。

悬索桥:在做本方案考虑时,专家经过考证,认为桥梁所处主河道过窄,无足够空间,拆迁工作量大,费用高,因而此方案不可取。

三塔斜拉桥:斜拉桥是一种比较成熟的方案,同时桥体跨径超过300 m也较易实现,可以体现山城雄壮、美观的特征。

连续刚构:与上端重庆长江一桥呼应,施工工艺也较为成熟,但跨径超过300 m做此方案在经济上不合算,故也不考虑。

钢-混凝土组合拱桥:做Y形混凝土刚架-钢箱拱组合的无推力体系,结构美观轻盈、线条流畅。

在进行桥梁优化考虑时,将公路桥放置轨道之上的上层桥面,在视角上桥面与桥拱更协调,轨道设置于钢桁架内,使其与公路结构浑然一体,达到景观整体感。

（2）夜景照明及人文体现

菜园坝长江大桥夜景照明也是经过精心设计的，大桥整个灯光设计的主题定位为飞虹跃江。桥拱上运用红色雅江 AM702SRT 灯具装置，如同一抹洒落人间的彩虹，拱形桥体则用内发光的 LED 灯装点，星星点点，远远看去，如同天上的星星洒落水中，整个照明遵循桥梁的主题色。离桥梁一定距离观看，代表彩虹的红色和代表江河大地的白色亮丽美观，与周边夜景连成一体，装饰着重庆这座山城的夜景（图 6.17）。

图 6.17 菜园坝长江大桥夜景

（3）色彩与材质的选择

如前面几座桥梁一样，菜园坝长江大桥处于长江和嘉陵江之间河谷中，水汽不易扩散，雾气较重，因而在色彩上选用黄色和橘红色两种饱和度很高的颜色，黄色柔美，红色亮丽（图6.18）。最后，业主选取了橘红色。

图 6.18 菜园坝长江大桥色彩比选

桥面采用青灰色涂装，与整个重庆青灰色的天空相融，衬托出桥体的轻盈美观。

（4）山地桥梁选址的合理性

菜园坝长江大桥的修建主要是缓解菜园坝立交、长江大桥、南坪转盘和牛角沱地区的交通拥堵，也为贯穿重庆主城大动脉，与嘉陵江、李家沱、长江复线等构成一条线路网，所以在桥址的选择上更要合理。

下游桥址经勘察被舍弃，原因是其桥梁与水流方向夹角过大，不宜在此建桥。最后在上游方案与中游方案中做最后勘察对比，认为上游方案无须过多拆迁，但铜建村别墅群的拆迁需要破费大量的人力物力，施工时间过长。

中游桥位经勘察，流水方向与桥轴线有一夹角，主桥与隧道较之上游要长，但拆迁耗资少,可将菜园坝汽车站、重庆火车站连接,工期易保证。

经过以上分析,大桥最终选取的是中游桥址,桥址地带无滑坡、断层等不良地质现象,两岸谷坡稳定,在本项指标的体现上分值较高(图6.19)。

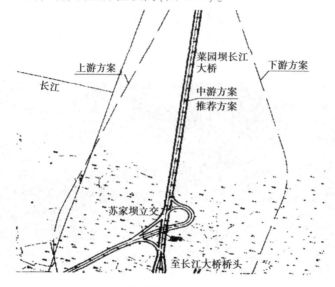

图6.19　菜园坝长江大桥桥位比选

2)生态补偿(3个)

菜园坝长江大桥邻菜园坝火车站,人流车流都非常大,周围生态环境相对比较差。桥位附近系大面积浅滩河段及生态敏感区,在生态补偿上建设相应的滨江湿地公园使景观连续;引桥两边视线穿透性过高,生态补偿中加入绿植,在引桥美化的同时,能适度降低视线穿透性,使之成为颇具山地城市特点的滨江景观综合体,从而达到桥梁与周边环境的和谐共生。

6.3.4　中坝大桥的生态美学评价分析

1)美学指标体现(6个)

(1)桥梁选型结构优化

中坝大桥的桥梁选型在适用的前提下充分考虑了与山地城市景观相协调的条件,并体现了以人为本的设计思路。大桥主跨约150 m,梁、拱、斜拉、悬索四大类型桥梁在此均可修建。

梁桥相对其他几种桥型要经济很多,同时因其简单的外形结构、成熟的施工技术以及宽阔的桥下净空,采用梁桥和连续刚构都较理想。

拱桥造型优美,立面线型变化丰富,但中坝大桥桥位的地质条件不是特别优良,上承式拱桥方案因采用有推力结构,拱台造价太高,中、下承式系杆拱桥方案,可利用系杆平衡拱脚水平推力,但也因为施工难、耗资高不适宜采用。

斜拉桥及悬索桥方案因桥跨因素造价上也不适宜。

中坝大桥通过桥型比选及造价对比,最终采用的是梁桥桥型。

为使大桥造型更美观,更经济,在桥梁跨径布置优化上由原来的(33+70+120+70+33)m

优化为(90+150+90)m(图6.20)。

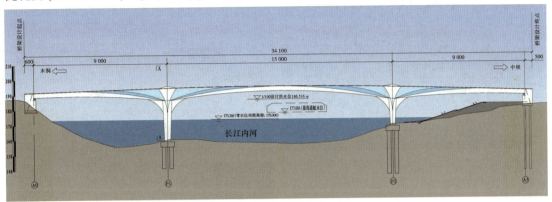

图6.20 桥跨优化后方案

由以上分析得出中坝大桥在桥型的选择及桥梁结构的优化两个指标均有体现。

(2)夜景照明

从道路进入大桥时,行车道的宽度变为7 m,在桥梁上设置夜景照明,选用了150 W高压钠灯,并在桥梁一侧用10 m单臂灯布置,每个灯杆相距约30 m。为使灯具具有装饰性,将所有灯杆设计在桥梁人行道栏杆外沿,突显整个桥梁的线条美。因而本方案在夜景照明指标上的优势也有所体现。

(3)色彩与材质的选择

木洞镇为亚热带湿润季风气候,和之前所介绍的重庆主城气候一样,雨水多,空气湿度大。另外,勘察桥梁周边地表、地下水都没有腐蚀性,因而在桥梁的栏杆上采用了亚光不锈钢材质,桥梁色彩采用了与游艇色彩近似的银灰色,使整个桥梁充满现代气息。

(4)人文倡导和风俗特色的体现

针对梁式桥和索辅梁桥,设计师设计了3套方案,3套方案中其人文倡导指标均有所体现(图6.21)。

①乘浪桥(梁桥):

顾名思义,乘浪桥取乘风破浪之意,因为本工程签约单位为重庆浪琴游艇俱乐部,因而将本方案设计成游艇,与公司经营相契合。本方案在桥墩两侧设有观景台,整座桥梁与周边蓝色水体融为一体,与桥梁周围景观有很好的协调。

②浪琴桥(索辅梁桥):

本方案取客户公司之名,整个造型如同巨大翻滚的波浪相互涌来,竖向又如同一座竖琴的琴弦,弹奏着浪漫的音乐,营造了一个充满艺术气息的浪漫氛围。

③迎宾桥(索辅梁桥):

作为娱乐会所,迎接宾客为公司主要目的,将相迎、展望等元素在方案中体现,整座桥塔设计成向上伸展的Y形,如同张开的双臂,喜迎所有到访的宾客。

因而中坝大桥在这项指标评分上也相对比较高。

(5)山地桥梁选址的合理性

对于中坝大桥的选址,专家们经过了多次勘察研究。首先是河道水文条件的考虑,本方案水文条件较为复杂,不仅要考虑基础施工,还要考虑河床冲刷等因素的影响。从通航角度

图 6.21　桥型对比与人文体现

来说,本水系为长江分支,只是用来让普通游船经过,所以限制性不是很高,河道中心有岩石凸起,可在此修建桥墩。

　　桥梁所在地形的河谷地貌呈不对称 U 形,靠木洞镇这一侧的地势相对比较陡峭,以岩石地质为主,靠中坝岛一侧地势相对比较平坦,土壤比较厚,桥位不适宜修建有推力的桥梁结构(图 6.22)。

　　2) 生态补偿(3 个)

　　中坝大桥在生态补偿中的三个指标体现如下:当项目通过木洞镇居民区边缘时,尽量对可以绕避的路段进行绕避,而对那些不能拆迁的或拆迁需耗费大量资金的环境敏感地带,如学校、居民区等,则采取绿化、保护原有名贵绿植进行生态补偿。

　　排水处理上,精确按重庆市暴雨强度公式和流域汇水面积计算雨水量;污水处理按城市综合污水量(城市综合用水量标准的 85%)和规划人口进行计算。

　　桥梁上端门道路的修建使原来的排水通道遭到损坏,为使雨水能顺利流入五布河,特设计钢筋混凝土箱涵洞一座。

图 6.22　桥梁选址勘察

　　桥位河槽较深,水位变化大,水中基础施工难度大、工期长,造价高,因而虽然生态补偿做了很多,但在天然的自然灾害的影响指标上得分较低。

6.3.5　重庆市桥梁在城市桥梁生态美学中存在的问题

　　本研究结果显示,重庆市桥梁生态美学所选取的 4 座样桥,其综合得分为 0.39～0.72,评价等级分别在 Ⅱ 级、Ⅲ 级、Ⅰ 级、Ⅵ 级,说明重庆市桥梁生态美学总体来说质量还是不错的,但也存在一些问题,分析如下:

　　①生态系统的稳定性欠缺。生态补偿机制欠缺,生态系统结构单一,自我修复的能力有限。

　　②有些桥梁生态美学效果欠佳。有的注重灯光景观设计,有的注重桥梁的实用性,有的注重区域功能,将整个山地城市桥梁生态美学营造得很好的桥梁不够广泛。

6.3.6　对重庆市桥梁生态美学建议

　　①在重庆这座特殊的城市建桥,采用传统的元素不一定能很好地体现桥梁景观。要根

据重庆现在的地形因地制宜,综合考虑周边各个景观元素和生态元素,营造符合生态美学效果的山城美桥。

②考虑在行驶中车里观看效果,可用大片乔木与灌木进行通透性与封闭性相穿插的方式种植,形成良好通透的审美景观。

③被山体与河流割断的风景用桥隧相连,山地城市桥梁两侧用绿化带景观,可人造防滑坡进行护坡,避免雨水冲蚀,也减少了水土流失和路基塌陷等自然灾害。

④尽量选择地方性优势植物,多种植物按一定比例进行搭配,充分发挥植物的固土及景观效果。

6.4 小结

本章通过对重庆这座城市所处的地理位置、地形地貌以及气候土壤等自然条件进行分析,对重庆几座典型山地城市桥梁进行生态美学数据采集,并从山地城市特殊性入手,以寸滩大桥、两江大桥、菜园坝长江大桥以及中坝大桥这几座典型桥型为代表,运用上一章所总结的9个指标分别对这4种桥型进行分析量化。最后根据专家计分形式计算得出了4座大桥的生态美学评价等级,并选取寸滩大桥与两江大桥为代表对山地城市桥梁的生态美学指标及评价结果做了综合评述。最后,根据重庆市桥梁生态美学评价中存在的问题,提出了相应的设计建议。

7 结论与展望

7.1 结论

①对桥梁生态美学与古典桥梁美学、桥梁生态美学与桥梁生态学、桥梁生态美学与城市桥梁生态学等进行概念辨析,提出了桥梁生态美学营造的原则和方法。

②总结了桥梁美学的设计理法及艺术美的表现形式,结合工程实例探讨了结构设计中的技术美。

③基于桥梁寿命期的环境及生态影响,针对桥梁寿命周期包括的规划、设计、施工、运营、拆除这5个阶段,提出了基于全寿命周期的桥梁生态设计及生态保护的方法。

④针对山地城市空间结构和布局原则的特殊性,分析了山地城市生态环境面对的困境,提出了山地城市生态美学设计的原则。

⑤针对山地城市桥梁生态美学设计体系中所涵盖的桥梁工程行为的生态化效应、生态系统的保护等,构建了山地城市桥梁基于生态美学的设计理论框架。

⑥建立了山地城市桥梁生态美学的评价指标体系,主要包括桥梁景观协调性、生态性和自然景观连续性等各项指标。应用层次分析法、理论分析法和专家咨询法构建了山地城市桥梁生态美学评价指标体系。

⑦基于本书提出的山地城市桥梁生态美学评价指标体系,对重庆的典型桥梁进行了生态美学评价,并指出了重庆市部分桥梁存在生态系统的稳定性欠缺、美学效果欠佳等问题,并提出了相应的处置建议。

7.2 展望

在山地城市修建桥梁,受到地形地貌、水文气象、背景建筑、综合管网、历史人文、整体风貌、总体规划、生态环境等诸多方面的影响与制约,在城市桥梁规划建设中需要考虑的因素众多。

①过去设计桥梁时,较多地关注交通功能、景观效果、投资效益等方面,对生态保护方面论证和研究深度不足,未来应重点研究生态与景观的统一问题。

②本研究虽然进行了长时间的关于山地城市桥梁生态美学研究,也取得了大量的生态美学资料,却缺乏生态系统的长时间调查和观测,所以后续研究中将进一步选取典型案例,开展相关生态观测,设计问卷,更好地开展桥梁建设对山区生态环境影响的评价研究。

参考文献

[1] 孙鸿烈.国际山地学会[J].山地研究,1983,1(1):60-61.

[2] 王如松.绿韵红脉的交响曲:城市共轭生态规划方法探讨[J].城市规划学刊,2008(1):8-17.

[3] 史立刚.大空间公共建筑生态化设计研究[D].哈尔滨:哈尔滨工业大学,2007.

[4] 石孟良,彭建国,陈亮.建筑生态化设计教学新体系[J].建筑学报,2007(1):9-11.

[5] 曾繁仁.生态存在论美学论稿[M].长春:吉林人民出版社,2009.

[6] 陈开利.日本桥梁设计的美学思考[J].铁道知识,1998(2):28-29.

[7] 蒋烨.中国廊桥建筑与文化研究[D].长沙:中南大学,2010.

[8] 于冰沁.寻踪——生态主义思想在西方近现代风景园林中的产生、发展与实践[D].北京:北京林业大学,2012.

[9] 朱曲平,曾德荣,王雷,等.桥梁美学设计及其进展[J].城市道桥与防洪,2006(2):5-8.

[10] 王毅娟,郭燕萍.现代桥梁美学与景观设计研究[J].北京建筑工程学院学报,2004,20(3):47-50.

[11] 李妍妍.卢梭美学思想研究[M].北京:社会科学文献出版社,2015.

[12] 孙群郎.美国城市美化运动及其评价[J].社会科学战线,2011(2):94-101.

[13] 万敏.与生态立交:绿色桥梁的理论与实践[J].世界桥梁,2005(4):68-71.

[14] 张洋,苏洁.白令海峡夏季流量的年际变化及其成因[J].海洋学报:中文版,2012,34(5):1-10.

[15] 郑斐,贺拴海,杜恩龙.桥梁上的风景园林艺术——景观生态学在桥梁上的应用[J].中外公路,2008,28(5):38-41.

[16] 钟雪飞,钟元满.西雅图高速公路公园的设计理念[J].城市问题,2010(5):90-93.

[17] 丁沃沃.再读《马丘比丘宪章》——对城市化进程中建筑学的思考[J].建筑师,2014(4):18-26.

[18] 戴斌.大跨度桥梁造型方法与规律的分析[J].桥梁建设,2006(z2):128-131,150.

[19] 徐毅峰.桥梁美学:环球展望[J].西南公路,1996(1):43-52.

[20] 戴维·P.比林顿.塔和桥:结构工程的新艺术[M].钟吉秀,译.北京:科学普及出版社,1991.

[21] 陈艾荣,盛勇,钱锋.桥梁造型[M].北京:人民交通出版社,2005.

[22] 俞孔坚.论景观概念及其研究的发展[J].北京林业大学学报,1987(4):433-439.

[23] 李庆本.国外生态美学状况[J].中南民族大学学报:人文社会科学版,2008,28(5):115-118.

[24] 银建军.中国生态美学研究述论[J].社会科学辑刊,2005(4):216-220.

[25] 万敏.与生态立交:绿色桥梁的理论与实践[J].世界桥梁,2005(4):68-71.

[26] 吴玉英."诗意栖居"的美学之思——曾繁仁"生态存在论美学"研究[J].中国文学研究,2008(2):20-23.

[27] 张晓林,吕璐珊,安迪亚斯·路卡.北京奥林匹克森林公园桥梁设计[J].中国园林,2016(8):27-33.

[28] 吴玉英."绿色人生"的美学之思——析《生态存在论美学论稿》[J].语文学刊,2006(5):133-135.

[29] 和丕壮.桥梁美学[M].北京:人民交通出版社,1999.

[30] 同济大学,清华大学,南京工学院,等.外国近现代建筑史[M].北京:中国建筑工业出版社,1982.

[31] 郭瑞东.拱桥中的桥梁美学[J].山西建筑,2007,33(24):313-314.

[32] 李龙生.设计美学中的形式美探析[J].武汉科技学院学报,2005,18(6):7-9.

[33] 周卫.对比中的调和——评洛杉矶 Pershing 广场的改造[J].新建筑,1995(3):36-38.

[34] 杜国华,毛昌时,司徒妙龄.桥梁结构分析[M].上海:同济大学出版社,1994.

[35] 邢君.山地建筑的思考[J].太原城市职业技术学院学报,2012(8):159-160.

[36] 吴小琼.山地城市绿地系统布局结构研究[D].重庆:西南大学,2009.

[37] 卢济威,王海松.山地建筑设计[M].北京:中国建筑工业出版社,2001.

[38] 路秉杰.《易经》《诗经》中的建筑问题[J].同济大学学报:人文·社会科学版,1992(2):27-34.

[39] 刘沛.浅析风景园林中景观的生态设计[J].工程与建设,2019,33(1):92-93.

[40] 李哲.生态城市美学的理论建构与应用性前景研究[D].天津:天津大学,2005.

[41] 郑琼茹.简论城市建筑与人居环境的协调发展[J].四川建筑,2003,23(6):5-6.

[42] 董德明,刘磊,赵文晋,等.生态省建设中资源可持续利用评价指标体系研究[J].东北师大学报:自然科学版,2005,37(1):104-108.

[43] 吴学谋.泛系理论、科学哲理、智能科学与层次原理[J].重庆交通学院学报,1985(1):28-35.

[44] 汤繁稀,杨钦.乡村振兴中的乡土景观设计分析[J].花卉,2020(2):43-44.

[45] В.П.库兹明.马克思理论和方法论中的系统性原则[M].王炳文,贾泽林,译.北京:生活·读书·新知三联书店,2018.

[46] 张尧庭,张璋.几种选取部分代表性指标的统计方法[J].统计研究,1990(1):52-58.

[47] 李昆仑.层次分析法在城市道路景观评价中的运用[J].武汉大学学报:工学版,2005,38(1):143-147,152.

[48] 高旭阔.城市再生水资源价值评价研究[D].西安:西安建筑科技大学,2010.

[49] 李苏.生态学和经济学的桥梁——能值理论分析法述评[J].河北理工大学学报:社会科学版,2010,10(6):62-64.

［50］周维,张小斌,李新.我国人居环境评价方法的研究进展［J］.安全与环境工程,2013
　　（2）:14-18.

［51］朱文康.空间计量模型的权重矩阵构造与分析［D］.上海:上海交通大学,2014.

［52］陈雪梅,周建华,杨淑梅.城市山地公园地形地貌的保护与利用研究——以重庆、贵州
　　地区为例［J］.西南师范大学学报:自然科学版,2014（4）:57-64.

［53］袁恩培,李丽华.论巴渝风格建筑的回归［J］.重庆建筑大学学报,2006（3）:29-32.